Mercedes OM 312 (A)/OM 321 (A)/OM 326

Handbuch

Mercedes OM 312 (A)/OM 321 (A)/OM 326

Handbuch

ISBN/EAN: 9783954271535
Erscheinungsjahr: 2012
Erscheinungsort: Bremen, Deutschland

© maritimepress in Europäischer Hochschulverlag GmbH & Co. KG, Fahrenheitstr. 1, 28359 Bremen. Alle Rechte beim Verlag und bei den jeweiligen Lizenzgebern.
www.maritimepress.de | office@maritimepress.de

Bei diesem Titel handelt es sich um den Nachdruck eines historischen, lange vergriffenen Buches. Da elektronische Druckvorlagen für diese Titel nicht existieren, musste auf alte Vorlagen zurückgegriffen werden. Hieraus zwangsläufig resultierende Qualitätsverluste bitten wir zu entschuldigen.

Mercedes OM 312 (A)/OM 321 (A)/OM 326

Handbuch

Inhaltsverzeichnis

Zur Beachtung 5

Beschreibung 8

Bedienung

Vorbereitung vor Inbetriebnahme des Motors 12
Anlassen des Motors 12
Motor in Betrieb 13
Abstellen 13
Einlaufen des Motors, Anlassen nach längerer Stillegung 13
Sondermaßnahmen für den Betrieb im Winter 14

Wartung

Wartungspläne 16
Durchzuführende Wartungsarbeiten 17
Anleitung zu den Wartungsarbeiten 18
Pflege bei Stillegung des Motors 31

Störungen und ihre Beseitigung

Beim Anlassen 32
Im Betrieb 33

Einige Instandsetzungsarbeiten

Zylinderkopfdichtung auswechseln, Zylinderkopfschrauben anziehen ... 36
Entlüften der Kraftstoffanlage 37
Öldruck- und Umgehungsventile reinigen 38
Einspritzpumpe anbauen und Förderbeginn einstellen 38
Glühkerzen überprüfen 40

Technische Daten

Motordaten 41
Motorabmessungen 41
Füllmengen 41
Anzugsdrehmomente 41
Leistungen und Kraftstoffverbräuche 42

Betriebsstoffe

Kraftstoff 43
Schmierstoffe 43
Kühlstoff 44
Schutzstoffe 45

Stichwortverzeichnis 46

Zur Beachtung

Einsatzbereitschaft, Leistung und Lebensdauer eines Motors sind in entscheidendem Maße auch von der fachgerechten Bedienung und Wartung abhängig. Die vorliegende Betriebsanleitung gibt Ihnen Hinweise, wonach Sie, in Verbindung mit allgemeinen Kenntnissen über Dieselmotoren, den Motor bedienen und warten können. Diese Schrift gilt auch für die Motoren OM 312 A und OM 321 A.

Gemäß unseren Verkaufsbedingungen können Garantieansprüche nur anerkannt werden, wenn nachweisbar ist, daß alle nach dem Wartungsplan in der Betriebsanleitung oder nach dem Wartungsheft fällig gewordenen Wartungsarbeiten vorschriftsmäßig ausgeführt worden sind und die Plombierung an der Einspritzpumpe nicht gelöst wurde.

Mit allen Fragen, die Kundendienst, Reparaturen und Ersatzteillieferung betreffen, wenden Sie sich bitte zunächst an die Lieferfirma. Wenn diese nicht mehr zuständig sein sollte, empfehlen wir, unsere nächstgelegene Niederlassung oder Motorenvertretung in Anspruch zu nehmen bzw. sich direkt an das Herstellerwerk zu wenden:
Daimler-Benz Aktiengesellschaft, Werk Berlin-Marienfelde
oder
Daimler-Benz AG, Stuttgart-Untertürkheim, Abt. KD-M

Um eine schnelle Erledigung zu gewährleisten, bitten wir Sie, dabei unbedingt den Motortyp zu nennen und die Motornummer anzugeben.

Das Typenschild mit der Motornummer befindet sich am Zylinderkurbelgehäuse auf der rechten Motorseite hinter der Einspritzpumpe; beim OM 326 auf dem Schwungradgehäuse.

Bild 1 **OM 312 Bedienungsseite, Kühlungsart UkKV,** d. h. Umlaufkühlung mit Kühler und Ventilator

Bild 2 **OM 321 Auspuffseite, Kühlungsart UkWtKr,** d. h. Umlaufkühlung mit Wärmetauscher und Kreiselpumpe

Bild 3 OM 322 Bedienungsseite, **Kühlungsart UkWtKr**, d. h. Umlaufkühlung mit Wärmetauscher und Kreiselpumpe

Bild 4 OM 326 Bedienungsseite, **Kühlungsart UkKV**, d. h. Umlaufkühlung mit Kühler und Ventilator

Beschreibung

Wirkungsweise der Motoren

Die Motoren arbeiten im Viertakt nach dem Vorkammerverfahren: Der Kraftstoff wird durch die Einspritzpumpe über Druckleitungen den Einspritzdüsen zugeführt und von diesen in die Vorkammern der Zylinder eingespritzt. Die Vorkammern haben im sogenannten Brenner beim OM 312 eine axiale Übertrittsbohrung, beim OM 321, 322 und OM 326 mehrere radiale Übertrittslöcher in den Zylinderraum. Beim Verdichtungshub wird daher die verdichtete und erhitzte Verbrennungsluft des Zylinderraumes auch in die Vorkammer gedrückt; dies führt zu einer Entzündung und Teilverbrennung des eingespritzten Kraftstoffes in der Vorkammer. Die mit der Teilverbrennung erzeugte Drucksteigerung bewirkt das Ausblasen des unverbrannten Kraftstoffes und der Feuergase aus der Vorkammer in den Zylinderraum, in dessen verdichteter Luft der noch nicht verbrannte Kraftstoff verbrennt und eine Drucksteigerung erzeugt, die in Arbeitsleistung verwandelt wird.

Aufbau der Motoren

Es sind stehende, wassergekühlte Sechszylinder-Viertakt-Reihenmotoren, OM 312, 321 und 322 mit nahezu gleichem Grundaufbau und Hubvolumen, sowie Drehzahlen bis 2400 bzw. 2600 U/min. Der OM 326 hat etwa das doppelte Hubvolumen bei Drehzahlen bis 1800 U/min. Die Motoren können den verschiedenartigen Verwendungszwecken durch entsprechendes Zubehör angepaßt werden; außerdem sind Sonderausführungen möglich.

Zylinderkurbelgehäuse

Die Zylinderkurbelgehäuse sind aus Grauguß und haben eingegossene Zylinder, die einen sehr steifen Aufbau bei geringem Gewicht ermöglichen. Die Zylinder werden fast auf der ganzen Länge vom Kühlwasser umspült. Die Kurbelgehäuse haben 5 durch Rippen versteifte Zwischenwände, die neben den Stirnwänden zur Aufnahme der Kurbelwellen-Grundlager dienen. Die Grundlagerdeckel sind von unten an diesen Querwänden befestigt. In den Querwänden ist außerdem noch die seitlich liegende Nockenwelle gelagert.
Nach unten wird das Zylinderkurbelgehäuse durch die angeschraubte Ölwanne abgeschlossen, die beim OM 312, 321 und 322 aus Stahlblech, beim OM 326 aus Leichtmetallguß besteht.
Vorn ist an das Zylinderkurbelgehäuse der Räderkasten angeschraubt, der die schrägverzahnten Antriebsräder für Nockenwelle und Einspritzpumpe aufnimmt. Hinten ist beim OM 312, 321 und 322 das Schwungradgehäuse angeschraubt, beim OM 326 angegossen. Die seitlich liegenden Stößelkammern sind durch abnehmbare Deckel zugänglich.
Außen am Zylinderkurbelgehäuse sind verschiedene Nebenaggregate befestigt: u. a. Anlasser und Lichtmaschine, Einspritzpumpe mit angeflanschtem Regler, Ölfilter, beim OM 326 außerdem Kühlwasserpumpe und Motorenölwärmetauscher. Dieser Wärmetauscher ist beim OM 312, 321 und 322 an die Längswand angeschraubt, die entsprechende Aussparungen für den Übertritt des Kühlwassers haben.

Zylinderkopf

Die Zylinder vom OM 312, 321 und 322 haben einen gemeinsamen Zylinderkopf; der OM 326 hat Einzelköpfe. Alle Zylinderköpfe sind aus legiertem Grauguß. Die Befestigung erfolgt mit Kopf- bzw. Stiftschrauben auf dem Zylinderkurbelgehäuse. Zur Abdichtung wird eine Flachdichtung verwendet. Im Zylinderkopf ist der Vorkammerraum eingegossen, in dem die Vorkammer aus Stahl befestigt ist. Die Vorkammer ist beim OM 312, 321 und 322 zur Zylinderachse etwas geneigt und außermittig angeordnet, beim OM 326 steht sie senkrecht in der Zylinderachse. Ebenfalls eingegossen sind die Ein- und Auslaßkanäle für den Gaswechsel.
Oben, auf dem Zylinderkopf, sind die Lagerböcke der Kipphebel befestigt. Nach oben wird der Zylinderkopf durch die Zylinderkopfhaube abgeschlossen, die für eine

öldichte Kapselung der darunter liegenden Ventile, Kipphebel und der in die Vorkammer eingeschraubten Einspritzdüse sorgen.
Dem gemeinsamen Zylinderkopf beim OM 312, 321 und 322 entspricht eine gemeinsame Haube, in die auch die Luftzuführung für die Zylinder als Kanal eingegossen ist. Der OM 326 hat je eine Haube für jeden Einzelzylinderkopf.

Kurbelwelle
Die im Gesenk aus einem Stück geschmiedete Kurbelwelle hat gehärtete Lagerzapfen und ist siebenfach in Bleibronze mit Stahlstützschalen gelagert. Das mittlere Lager ist zugleich Paßlager. An den Kurbelwangen sind Gegengewichte zum Massenausgleich angeschraubt. Am hinteren Kurbelwellenende ist das Schwungrad angeflanscht. Vorn ist das Antriebszahnrad für das Rädergetriebe aufgezogen, außerdem eine Keilriemenscheibe zum Antrieb von Lüfter, Lichtmaschine usw., sowie ein Schwingungsdämpfer. Die Abdichtung gegen Ölverlust erfolgt vorn durch einen Dichtring, hinten durch einen Spritzring und Rückförderschnecke.

Pleuelstangen
Sie haben Doppel-T-Querschnitt und sind im Gesenk geschmiedet. In das Pleuelauge ist eine Bronzebüchse als Kolbenbolzenlager eingepreßt. Pleuelstangenkopf und Gleitlager aus Bleibronze mit Stahlstützschalen sind beim OM 312, 321 und 322 schräg, beim OM 326 gerade geteilt. Kolben und Pleuelstange können nach oben ausgebaut werden.

Kolben
Die gegossenen Leichtmetallkolben mit muldenförmigen Böden haben je 4 Kompressionsringe und je 1 Ölabstreifring oberhalb und unterhalb des Kolbenbolzens. Der Kolbenbolzen ist schwimmend gelagert und durch S-Ringe gegen axiale Verschiebung gesichert.

Nockenwelle
Die Nockenwelle wird über schrägverzahnte Stirnräder im Räderkasten angetrieben und läuft mit halber Kurbelwellendrehzahl. Sie ist aus einem Stück geschmiedet und hat gehärtete Lagerstellen und Nocken. Vorn ist sie durch eine Anlaufscheibe gegen axiale Verschiebung gesichert. Die Nockenwelle ist beim OM 312, 321 und 322 vierfach, beim OM 326 siebenfach gelagert.

Ventile
Die Motoren OM 312, 321 und 322 haben je 1 hängendes Ein- und Auslaßventil, der OM 326 je 2 hängende Ein- und Auslaßventile pro Zylinder. Die Ventile sind nebeneinander, parallel zur Kurbelwellenachse angeordnet und werden von der Nockenwelle aus über Stößel, Stoßstangen und Kipphebel betätigt.
Die Ventilschäfte werden in Graugußbüchsen geführt, die im Zylinderkopf eingepreßt sind. Das Ventilspiel läßt sich durch Stellschrauben am Kipphebel einstellen.

Einspritzorgane und Kraftstoffeinrichtung
Auf der rechten Seite des Zylinderkurbelgehäuses ist eine Einspritzpumpe angeflanscht. Sie wird vom Räderkasten aus mit halber Kurbelwellendrehzahl angetrieben. An die Einspritzpumpe ist eine Kraftstoff-Förderpumpe angeschraubt. Sie wird von einem Nocken der Einspritzpumpen-Nockenwelle angetrieben und fördert während des Betriebes den Kraftstoff vom Kraftstoffbehälter über ein Filter zur Einspritzpumpe. Von dieser wird der Kraftstoff über Druckleitungen zu den Einspritzdüsen gedrückt und fein zerstäubt in die Vorkammer eingespritzt. Der Leckkraftstoff von den Einspritzdüsen wird über eine besondere Leitung in den Kraftstoffbehälter zurückgeführt. Ein Überströmventil am Deckel des Kraftstoff-Filters sorgt für einen gleichbleibenden Kraftstoff-Druck im Saugraum der Einspritzpumpe und leitet den zu viel geförderten Kraftstoff in den Kraftstoffbehälter zurück. Dadurch werden während des Betriebes Luft- oder Dampfblasen ausgeschieden. Auf die Förderpumpe ist noch eine Handpumpe aufgeschraubt, die zum Vorpumpen des Kraftstoffes bei der ersten Inbetriebnahme, nach leergefahrenem Kraftstoffbehälter, oder zum Auffüllen und Entlüften der Kraftstoffeinrichtung nach Reinigungs- und Instandsetzungsarbeiten dient.

Schmierölkreislauf

Die an das Zylinderkurbelgehäuse unten angeschraubte Ölwanne wird als Schmierölbehälter benutzt. Eine Zahnradpumpe, die über Schraubenräder von der Nockenwelle angetrieben wird, saugt das Öl über ein Sieb aus der Ölwanne und drückt es beim OM 312, 321 und 322 über das Filter und den Wärmetauscher, beim OM 326 zuerst über den Wärmetauscher und dann über das Filter, in den Hauptölkanal. Vom Hauptölkanal fließt das Öl über kleinere Kanäle zu den Kurbelwellen- und Nockenwellenlagern. Die Hauptlagerzapfen der Kurbelwelle haben Ölkanäle zu den Pleuellagerzapfen.

Beim OM 326 werden einige Nockenwellenlager durch das aus den Zylinderköpfen zurückfließende Öl geschmiert.

Vom vorderen Nockenwellenlager beim OM 312, 321 und 322 führt ein Ölkanal durch das Zylinderkurbelgehäuse in den Zylinderkopf, zu den hohlgebohrten Kipphebelachsen, und wird auf Kipphebellager, Stoßstangenpfannen und Ventilschäfte verteilt. Beim OM 326 führt ein Ölkanal vom hinteren Nockenwellenlager zu einem Verteilerkanal im oberen Teil des Zylinderkurbelgehäuses. Von diesem Kanal führen Bohrungen in die Einzelzylinderköpfe, über die das Öl in eine Bohrung der Kipphebellagerböcke und zu den Kipphebellagern gelangt. Die weitere Verteilung erfolgt wie beim OM 312, 321 und 322.

Zylinderlaufbahnen, Kolbenbolzen, Steuernocken und Rädergetriebe werden durch Spritzöl geschmiert. Das abtropfende Öl fließt wieder in die Ölwanne zurück. Ein Überdruckventil nach der Ölpumpe begrenzt den Schmieröldruck, der sonst z. B. bei kaltem Öl oder Verstopfung unzulässig hoch ansteigen könnte. Aus diesem Grund haben auch Wärmetauscher und Filter Umgehungsventile.

Kühlwasserkreislauf

Die Motoren haben Umlaufkühlung (geschlossenes Kühlsystem mit Umlaufpumpe). Die Rückkühlung des Kühlwassers erfolgt entweder in einem Kühler mit Ventilator oder in einem Wärmetauscher, in dem mit durchlaufendem Wasser (z. B. See- oder Flußwasser) gekühlt wird. Eine zusätzliche, vom Motor angetriebene Kreiselpumpe drückt dieses Wasser durch den Wärmetauscher und gegebenenfalls durch den Wassermantel eines wassergekühlten Abgas-Sammelrohres.

Die Kühlwasserpumpe saugt das Kühlwasser des Motors aus dem Kühler oder Wärmetauscher an — beim OM 326 über den Schmieröl-Wärmetauscher — und drückt es in die Kühlwasserräume der Zylinder und dann nach oben in die Zylinderköpfe. Von diesen fließt das Kühlwasser über den Kühler bzw. Wärmetauscher wieder der Wasserpumpe zu.

Die Kühlwasserpumpe ist beim OM 312, 321 und 322 vorn, an der Stirnseite des Zylinderkurbelgehäuses angeflanscht. Beim OM 326 ist die Kühlwasserpumpe auf der linken Seite am Zylinderkurbelgehäuse befestigt. Der Schmieröl-Wärmetauscher ist beim OM 312, 321 und 322 als Platte an die linke Gehäusewand angeschraubt. Diese Platte bildet gleichzeitig den Abschlußdeckel des Kühlwasserraumes und wird von dem aufsteigenden Kühlwasser bespült. Das Schmieröl wird in schlangenförmigen Kanälen durch die Platte geführt; dadurch ist ein guter Wärmeaustausch mit dem die Platte umspülenden Kühlwasser gewährleistet. Beim OM 326 ist der Wärmetauscher als zylindrisches Blechgehäuse an der rechten Motorseite befestigt. Das vom Kühler bzw. Wasser-Wärmetauscher kommende Kühlwasser durchströmt das Gehäuse des Schmieröl-Wärmetauschers, in dem sich eine Rohrwendel befindet, durch die das Schmieröl fließt. Dann wird das Kühlwasser quer durch das Zylinderkurbelgehäuse geführt und von der auf der anderen Seite des Motors sitzenden Kühlwasserpumpe in den Kühlwasserraum gedrückt.

Ein Thermostat, der in die Kühlwasserleitung vom Motor zum Kühler eingebaut ist, bewirkt eine schnelle Erwärmung des Motors nach dem Start und sorgt für gleichbleibende Betriebstemperatur bei jeder Belastung, indem er den Wasserumlauf über

Kühler oder Wärmetauscher drosselt und über eine Kurzschlußleitung gleich wieder der Kühlwasserpumpe zuführt, solange die Betriebstemperatur nicht erreicht ist.

Drehzahl und Lastregulierung
An die Einspritzpumpe wird ein dem Verwendungszweck des Motors angepaßter Fliehkraftregler angeflanscht.
Beim Verstellregler kann jede gewünschte Drehzahl innerhalb des Drehzahlbereichs eingestellt werden. Der Regler hält diese Drehzahl unabhängig von der Belastung konstant. (Verwendung z. B. für Pumpenantrieb.)
Der Leerlauf-Enddrehzahlregler verhindert das Unterschreiten einer Mindestdrehzahl und das Überschreiten der festgelegten Höchstdrehzahl. Mit einem Regulierhebel kann die Leistung des Motors der Belastung angepaßt werden (Verwendung z. B. in Fahrzeugen).
Endregler werden für Motoren verwendet, die nur mit einer bestimmten, festgelegten Drehzahl laufen und diese Drehzahl zwischen Nullast und Vollast halten müssen (z. B. Generatoraggregate).

Bedienung

Vorbereitung vor Inbetriebnahme des Motors

1. **Kraftstoffvorrat** im Behälter prüfen. Gegebenenfalls vorsichtig nachfüllen! Bei Wiederinbetriebnahme nach einer längeren Stillegung oder wenn der Kraftstoffbehälter leer war, ist die Kraftstoffanlage zu entlüften (siehe Seite 37).
2. **Wasserstand** in der Kühlanlage prüfen. Nur veredeltes Wasser nach Vorschrift siehe Seite 44) nachfüllen. Bei heißem, abgestelltem Motor kein kaltes Wasser nachfüllen, da sonst durch Wärmespannungen in den Zylinderwandungen Risse entstehen können. Gegebenenfalls abwarten, bis sich der Motor abgekühlt hat; dagegen kann heißes Wasser in den kalten Motor ohne Gefahr eingefüllt werden. Beim Auffüllen des Kühlwassers gut entlüften.
3. **Ölstand** in der Ölwanne, in der Einspritzpumpe, im Regler (und im Luftpresser bei Riemenantrieb) mit abgewischtem Meßstab prüfen. Er muß zwischen der unteren und oberen Marke auf dem Meßstab stehen; nicht über obere Marke nachfüllen. Der Ölstand darf nur in der normalen Lage des Motors geprüft werden.

Anlassen des Motors

(Einlauf und Anlassen von längere Zeit stillgelegten Motoren siehe Seite 13). Hierbei ist angenommen, daß die normalen Instrumente und Armaturen für elektrisches Anlassen vorhanden sind (siehe Bild 5).

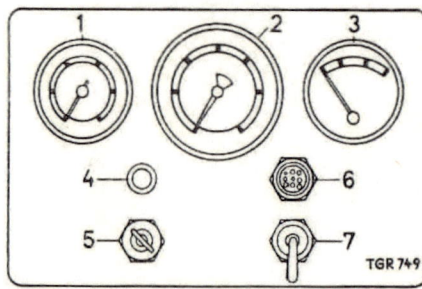

Bild 5 Instrumententafel (Beispiel)
1 Öldruckmesser
2 Drehzahlanzeiger
3 Thermometer
4 Ladekontrollampe
5 Schaltkasten
6 Glühüberwacher
7 Glühanlaßschalter

1. Absperrhahn in der Kraftstoffzuleitung öffnen.
2. Schlüssel in den Schaltkasten vollständig einstecken, so daß rote Ladekontrollampe leuchtet.
3. Glühkerzen durch Drehen und Festhalten des Glühanlaßschalters auf Stellung „1" einschalten. Dunklerwerden der Kontrollampe und anschließendes Aufleuchten des Glühüberwachers zeigen an, daß die Glühkerzen glühen. Die Dauer des Vorglühens ist abhängig von der Temperatur des Motors und von der Lufttemperatur und beträgt bei kaltem Motor mindestens 30 Sekunden, bei Umgebungstemperaturen zwischen +8° und —8° C: 1 Minute und Umgebungstemperaturen unter —8° C längstens 2 Minuten (siehe auch Seite 14).

Der Glühüberwacher darf nur rot glühen, wird er weißglühend, so liegt Masseschluß einer Glühkerze vor, der schnellstens beseitigt werden muß (siehe Seite 40).

Beim Anlassen des betriebswarmen Motors brauchen die Glühkerzen nicht eingeschaltet zu werden!

4. Beim Anlassen Verstellhebel auf Vollgas stellen, sofort nach dem Anspringen des Motors auf Leerlauf zurücknehmen.
5. Glühanlaßschalter auf Stellung 2 „Anlassen" drehen, längstens 15 Sekunden festhalten, bis Motor in Gang kommt. Bei wiederholten Anlaßversuchen jeweils

1 Minute lang Zwischenpausen einlegen. Schalter sofort loslassen, wenn Motor durchläuft, sonst wird Starter beschädigt. Griff muß in Nullstellung zurückgehen. Anlasser nicht in den laufenden Motor einschalten.
Ein Weiterglühen der Glühkerzen nach dem Anlaufen des Motors ist unbedingt zu vermeiden, da sonst die Glühdrähte zerstört werden.
6. Nach dem Anspringen des Motors Öldruck am Öldruckmesser beobachten. Dieser zeigt nach dem Anlassen des kalten Motors zunächst höheren Öldruck an, nach dem Warmlaufen des Motors fällt der Druck wieder auf Normal (siehe unten). Bei zu niederem Öldruck muß der Motor **sofort** abgestellt, die Ursache festgestellt und die Störung beseitigt werden.

Motor in Betrieb

1. Zulässige Temperaturen für Kühlwasser:
    mindestens 60° C
    normal 80° C
    höchstens kurzzeitig 90° C
   Bei Motoren mit eingebautem Thermostat wird das Kühlwasser der Umlaufkühlung selbsttätig auf der richtigen Temperatur gehalten, dadurch, daß der Thermostat erst ab einer Wassertemperatur von etwa 75° C den Wasserumlauf am Motor über dem Kühler freigibt, während unter dieser Temperatur der Kühler ausgeschaltet bleibt.
   Motor nicht im Leerlauf so lange laufen lassen, bis die normale Betriebstemperatur des Kühlwassers von 80° C erreicht ist. Besser ist es, den Motor mit mäßiger Belastung warmlaufen zu lassen. Nur bei Temperaturen unter 0° C sollte vorher ein kurzer Leerlauf von höchstens 1 Minute bei mäßiger Drehzahl erfolgen, um eine ausreichende Schmierung sicherzustellen.
2. Zulässige Schmieröldrücke (vor Motor):
   Bei neueren Motoren und normaler Kühlwassertemperatur je nach Ölviskosität und Motordrehzahl 3,5-5 kg/cm². Bei älteren Motoren darf der Schmieröldruck ohne Gefahr für den Motor bei voller Drehzahl bis auf 2,5 kg/cm², im Leerlauf auf 0,5 kg/cm², zurückgehen. Bei stark abgekühltem Motor ist am Öldruckmesser erst einige Zeit nach dem Anlassen ein langsames Ansteigen des Öldruckes zu bemerken, da in der dünnen Manometerleitung sich die Drucksteigerung nur langsam auswirkt.
   Sinkt der Öldruck bei gleichbleibender Motordrehzahl plötzlich ab, oder erreicht er von einem Tag zum andern den bisher üblichen Wert nicht, so ist anzuhalten und entsprechend Seite 34 zu verfahren.
3. Die Ladekontrollampe erlischt, wenn die Leerlaufdrehzahl überschritten ist; leuchtet sie während des Betriebes auf, Ursache feststellen und Fehler beseitigen, z. B. Lichtmaschinenkabel gelöst, Lichtmaschine defekt, Antriebsriemen zu lose.
4. Die regelmäßigen Wartungsarbeiten Seite 16 beachten und die Arbeiten nach dem Wartungsplan durchführen.

Abstellen

Das Abstellen des Motors ist, außer in Notfällen, langsam vorzunehmen. Nach starker Belastung und bei heißem Kühlwasser muß der Motor 1-2 Minuten unbelastet weiterlaufen, damit das Kühlwasser im Umlauf bleibt, nicht ausgeworfen wird und der Motor sich allmählich abkühlt.
1. Verstellhebel in „Leerlauf" bringen.
2. Stopzug ziehen.
3. Schlüssel aus Schaltkasten ziehen.

Einlaufen des Motors; Anlassen von Motoren, die längere Zeit stillgelegt waren

Für den Einlauf neuer oder überholter Motoren Erstbetriebsöl (siehe Seite 45) verwenden.
Neue bzw. überholte Motoren in den ersten 10 Betriebsstunden s c h o n e n d einlaufen lassen. Für die Lebensdauer, Betriebssicherheit und Wirtschaftlichkeit ist es von

entscheidender Bedeutung, daß der Motor während der Einlaufzeit in seiner Leistung nicht voll beansprucht wird. Während dieser Zeit sind die hierfür vorgeschriebenen Wartungsarbeiten gewissenhaft durchzuführen (siehe Seite 16).

Motoren zum Einlauf und Motoren, die länger als 3 Wochen stillgelegt waren, müssen vor dem ersten Anlassen zur Kontrolle der Schmierung und damit sich die Schmierölkanäle mit Öl füllen, so lange mit dem Anlasser durchgedreht werden, bis der Öldruckmesser 1 atü Druck anzeigt:

1. Absperrhahn in der Kraftstoffzuleitung öffnen.
2. Schlüssel in den Schaltkasten vollständig einstecken, so daß rote Ladekontrollampe leuchtet.
3. Glühanlaßschalter sofort — **ohne Vorglühen** — auf Stellung „2" — Anlassen — drehen und festhalten. Verstellhebel muß hierbei in Stoppstellung stehen, d. h. Motor darf nicht zünden.
4. Durchdrehen des Motors nur mit Batterie so lange, bis **Öldruckanzeige** erfolgt. Anmerkung: Batterie muß voll aufgeladen sein, nicht bis zur Erschöpfung benutzen. Erholungspausen einschalten.
5. Glühanlaßschalter loslassen, auf Stellung „0" zurück.
6. Anlassen nunmehr gemäß Seite 12 mit **Vorglühen.**

Sondermaßnahmen für den Betrieb im Winter

1. Ölwechsel
   Gemäß Vorschrift Seite 43 rechtzeitig ein dünneres Motorenöl verwenden. Ist ein Luftpresser mit Keilriemenantrieb angebaut, so ist auch bei diesem der Ölwechsel mit dünnerem Motorenöl vorzunehmen.
2. Kraftstoff
   Beim Unterschreiten bestimmter Temperaturen beginnt der Dieselkraftstoff Paraffin auszuscheiden. Dadurch kann die Filtrierbarkeit und das Fließvermögen ungenügend werden, so daß sich Förderschwierigkeiten ergeben. Der handelsübliche Dieselkraftstoff wird deshalb je nach der Jahreszeit in zwei Qualitäten geliefert. Der Sommerkraftstoff kann bis zu Temperaturen um 0° C verwendet werden, der Winterkraftstoff hat ein ausreichendes Fließvermögen bis minus 15° C. Bei größeren Kältegraden ist daher entweder Sonderkraftstoff zu verwenden, oder dem Dieselkraftstoff muß zur Erhöhung der Kältebeständigkeit Petroleum, Traktorenkraftstoff, oder normales Tankstellenbenzin (kein Benzolgemisch) zugesetzt werden. In der nachfolgenden Tabelle ist angegeben, wie hoch der Zusatz einer dieser Kraftstoffe für entsprechende Kältegrade sein muß. Bei der Herstellung der Mischung muß der Zusatz zuerst eingefüllt werden, danach sind Zusatz und Dieselkraftstoff durch Umrühren gründlich zu vermischen. Bei Eintritt der Kälte müssen schon alle Leitungen, Filter und die Einspritzpumpe mit der Mischung gefüllt sein. Die Kraftstoff-Anteile sind in Liter zu messen.

Mischungsverhältnis:

Außentemperatur ° C	Sommerdieselkraftstoff %	Zusatz %	Winterdieselkraftstoff %	Zusatz %
± 0 bis —10	80	20	100	—
—10 bis —15	70	30	100	—
—15 bis —20	50	50	100	—
—20 bis —25	—	—	70	30
unter —25	—	—	50	50

Eine Mischung mit Tankstellenbenzin sollte nur notfalls verwendet werden, da evtl. mit Schwierigkeiten wegen Dampfblasenbildung zu rechnen ist. Durch die Zusatzkraftstoffe wird die Motorleistung geringer als mit Dieselkraftstoff. Es soll daher nicht mehr als notwendig Zusatzkraftstoff beigemischt werden.

3. **Frostschutzmittel**
Bei Motoren, die im Freien laufen, oder wenn der Motorraum nicht frostgeschützt ist, muß ein Frostschutzmittel dem Kühlwasser zugesetzt werden. Man verwende nur bekannte Marken-Frostschutzmittel gemäß Vorschrift des Lieferers. Auf das Korrosionsschutzöl zur Veredelung des Kühlwassers (siehe Seite 44) darf hierbei nicht verzichtet werden. Die Kühlanlage ist, wenn notwendig, vorher zu reinigen (siehe Seite 27). Wenn das Frostschutzmittel nicht mehr notwendig ist, ablassen. Nach dem Ablassen der Frostschutzlösung gründlich durchspülen und laut Vorschrift (siehe Seite 44) veredeltes Wasser einfüllen. Die Frostschutzlösung kann im nächsten Winter wieder verwendet werden.

4. **Kühlwasser ablasssen**
Soll bei Frostgefahr oder längerer Stillegung des Motors das Kühlwasser abgelassen werden, so ist der am Motor angebrachte Ablaßhahn (siehe Bild 6 Seite 18 und Bild 10 Seite 19) und gleichzeitig der an der tiefsten Stelle der Kühlanlage angebrachte Hahn zu öffnen und die Verschlußschraube der Einfüllöffnung zwecks schneller Entleerung abzuschrauben.
Wenn der Motor bei Frostwetter öfter laufen muß, ist es nicht zweckmäßig, auf das Frostschutzmittel zu verzichten und das Kühlwasser jedesmal nach dem Abstellen des Motors abzulassen. Da nur veredeltes Wasser verwendet werden darf, muß es immer aufgefangen und frostfrei für die nächste Füllung aufbewahrt werden. Bei großer Kälte besteht außerdem die Gefahr, daß das Kühlwasser — auch bei Erwärmung vor dem Einfüllen — im kalten Motor einfriert, besonders wenn der Motor nicht gleich anspringt.

5. **Anlassen bei großer Kälte**
Zum Anlassen sind nötigenfalls 3 Startversuche ohne Zwischenpausen wie folgt vorzunehmen:

Startversuch 1:
2 Minuten vorglühen, das heißt Glühanlaßschalter auf Stellung 1, 10 Sekunden anlassen, das heißt Glühanlaßschalter auf Stellung 2.

Startversuch 2:
1 Minute vorglühen, das heißt Glühanlaßschalter auf Stellung 1, 10 Sekunden anlassen, das heißt Glühanlaßschalter auf Stellung 2. Bei abfallender Drehzahl 1 Minute Pause, sonst sofort:

Startversuch 3:
1 Minute vorglühen, das heißt Glühanlaßschalter auf Stellung 1, 10 Sekunden anlassen, das heißt Glühanlaßschalter auf Stellung 2. Nach 3 vergeblichen Startversuchen ist den Batterien bis zum nächsten Anlassen eine kurze Zeit von 2 Minuten zur Erholung zu lassen.
Ist das Anspringen des Motors durch mehrere Startversuche nicht mehr gewährleistet, sind weitergehende Maßnahmen erforderlich. Die wirksamste Starterleichterung ist: Ablassen des Kühlwassers, Erwärmen auf etwa 90° C und Einfüllen in den Motor. Bei erfolglosem Start Erwärmen wiederholen. In der Zwischenzeit Motor abdecken, damit er nicht wieder zu sehr abkühlt. Wegen der Einfriergefahr nur Kühlwasser mit Frostschutz verwenden.
Die Batterien müssen voll geladen sein. Kalte Batterien haben nur einen Bruchteil ihrer normalen Kapazität. Sie sind deshalb bei Anlaßschwierigkeiten nach dem Abstellen des Motors auszubauen und in einem warmen Raum bis zum Start aufzubewahren. Mehrere Jahre alte Batterien sind den Beanspruchungen meistens nicht mehr gewachsen.

Wartung

Anhand der Wartungspläne kann die Wartung nach Betriebsstunden, Fahrkilometer oder nach dem Kraftstoffdurchsatz in Liter durchgeführt werden. Welche Art der Wartung am zweckmäßigsten ist, richtet sich nach dem Einsatz des Motors, z. B.:

Wartung nach Betriebsstunden
Stationäre Motoren mit geringen Leerlaufzeiten und guter Auslastung, bei denen eine laufende Aufzeichnung der Betriebsstunden durchgeführt wird, z. B. bei Motoren für Stromaggregate und Schiffe.

Wartung nach Fahrkilometer
darf nur bei Motoren von Kraftfahrzeugen durchgeführt werden, die eine durchschnittliche Fahrstrecke von 45 km in der Stunde erreichen, und bei denen der Motor nicht zu längerer Arbeitsleistung bei stehendem Fahrzeug benötigt wird, z. B. Omnibusse, Lastwagen, Triebwagen. Nicht aber bei Müllwagen, Feuerwehrautos mit Motorpumpe u. dgl.

Wartung nach dem Kraftstoffdurchsatz
Zweckmäßigste Wartung bei Motoren mit stark unterschiedlicher Belastung oder langen Leerlaufzeiten, z. B. Motoren für Müllwagen und Bagger. Diese Art der Wartung läßt sich meistens auch bei Motoren durchführen, die zwar nach Betriebsstunden gewartet werden können, bei denen aber eine laufende Aufzeichnung der Betriebsstunden nicht durchgeführt wird, wohl aber die des Kraftstoffbedarfs.
Für die Wartung nach dem Kraftstoffdurchsatz müßte entsprechend dem durch Leistung und Größe bedingten unterschiedlichen Kraftstoffverbrauch, für jeden Motortyp eine eigene Tabelle aufgestellt werden. Da aber der Unterschied im Verbrauch bei den Typen OM 312 / 312 A, OM 321 / 321 A und OM 322 nicht sehr groß ist, wurden diese Motoren in eine Verbrauchs-Gruppe zusammengefaßt und für die OM 326 eine eigene Verbrauchs-Tabelle aufgestellt.
Über Wartungsarbeiten bei extremen Einsatzbedingungen bitten wir den Rat der Lieferfirma oder unserer Vertretung einzuholen.

Wartungspläne

In den Wartungsplänen links sind die Positions-Nummern der Wartungsarbeiten angegeben, die bei Erreichen der in der Tabelle rechts stehenden Betriebsstunden, Fahrkilometer oder des Kraftstoffdurchsatzes durchgeführt werden müssen.

Turnus	Pos. der Wartungs-arbeiten	Wartung nach Betriebsstunden								
A	1 - 3, 6, 7, 11, 21 u. 22	10 (Nur beim Einlauf neuer oder grundüberholter Motoren)								
B	1 - 3	100	500	900	1300	1700	2100	2500	2900	
C	1 - 9	200	600	1000	1400	1800	2200	2600	3000	
B	1 - 3	300	700	1100	1500	1900	2300	2700	3100	
D	1 - 12	400	—	1200	—	2000	—	2800	—	
E	1 - 15	—	800	—	—	—	2400	—	—	
F	1 - 20	—	—	—	1600	—	—	—	3200*	

* Danach die Wartung wieder mit 100 Betriebsstunden turnusmäßig von neuem beginnen.

Turnus	Pos. der Wartungsarbeiten	Wartung nach Fahrkilometern							
A	1-3, 6, 7, 11, 21 u. 22	500 (Nur beim Einlauf neuer oder grundüberholter Motoren)							
B	1-3	4500	22500	40500	58500	76500	94500	112500	130500
C	1-9	9000	27000	45000	63000	81000	99000	117000	135000
B	1-3	13500	31500	49500	67500	85500	103500	121500	139500
D	1-12	18000	—	54000	—	90000	—	126000	—
E	1-15	—	36000	—	—	—	108000	—	—
F	1-20	—	—	—	72000	—	—	—	144000*

* Danach die Wartung wieder mit 4500 km Fahrstrecke turnusmäßig von neuem beginnen.

Turnus	Pos. der Wartungsarbeiten	Wartung nach Kraftstoffdurchsatz							
		OM 312 / 321 / 322				OM 326			
A	1-3, 6, 7, 11, 21 u. 22	150 (Nur beim Einlauf neuer oder grundüberholter Motoren)							
B	1-3	1400	7000	12600	18200	1900	9500	17100	24700
C	1-9	2800	8400	14000	19600	3800	11400	19000	26600
B	1-3	4200	9800	15400	21000	5700	13300	20900	28500
D	1-12	5600	—	16800	—	7600	—	22800	—
E	1-15	—	11200	—	—	—	15200	—	—
F	1-20	—	—	—	22400*	—	—	—	30400*

* Danach die Wartung wieder mit 1400 bzw. 1900 Liter Kraftstoffdurchsatz turnusmäßig von neuem beginnen.

Wartungsarbeiten

1 Motorenöl wechseln
2 Ölfilter reinigen
3 Ölstand im Luftpresser mit Eigenschmierung, falls bei OM 326 vorhanden, kontrollieren
4 Ölstand in Einspritzpumpe und Regler prüfen (nur bei Einspritzpumpe mit Eigenschmierung)
5 Kühlwasserpumpe(n) schmieren (bei OM 326 evtl. auch das Lüfterlager)
6 Keilriemenspannung prüfen
7 Ventilspiel kontrollieren (bei OM 312 A und OM 321 A turnusmäßig schon nach je 100 Betriebsstunden)
8 Luftfilter reinigen (bei hohem Staubanfall öfters, evtl. täglich)
9 Batterien und Kabelanschlüsse prüfen
10 Reguliergestänge an der Einspritzpumpe auf Funktion prüfen und die Gelenke ölen
11 Alle Schrauben und Muttern — auch Fundamentschrauben — auf festen Sitz prüfen
12 Kraftstoff-Vorreiniger, falls vorhanden, säubern
13 Kohlebürsten der Lichtmaschine prüfen
14 Kraftstoff-Filter auf Durchfluß prüfen, evtl. reinigen
15 Abgasturbolader mit Eigenschmierung nach Vorschrift des Herstellers überprüfen (nur bei OM 312 A und OM 321 A)
16 Kohlebürsten des Anlassers prüfen, Ritzellager ölen und Zahnkranz am Schwungrad einfetten
17 Kraftstoff-Filtereinsatz erneuern
18 Kühlanlage prüfen, evtl. reinigen
19 Einspritzdüsen und Verdichtungsdruck prüfen
20 Vorkammern (Brenner) erneuern (entfällt bei OM 312)
21 Alle Rohrleitungen und Schläuche auf Dichtheit und Scheuerstellen prüfen
22 Zylinderkopf-Befestigungsschrauben bzw. -muttern entsprechend dem vorgeschriebenen Anzugswert nachziehen

Die genaue Anleitung für alle Wartungsarbeiten finden Sie in dem folgenden Abschnitt unter gleichen Positions-Nummern.

Anleitung zu den Wartungsarbeiten

1 Ölwechsel in der Ölwanne

Das Motorenöl in warmem Zustand aus der Ölwanne ablassen. Ablaßschraube wieder einschrauben und Ölwanne durch den Öleinfüllstutzen mit dem vorgeschriebenen (siehe Seite 43) Öl (Einfüllmenge siehe Seite 41) bis zur oberen Marke des Ölmeßstabes füllen. Abgasturbolader (Sonderausführung) lt. Anweisung prüfen.

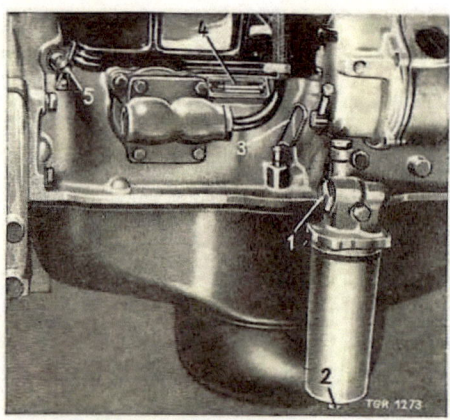

Bild 6 Ölfilter (OM 312/321)

1 Umgehungsventil
2 Befestigungsschraube
3 Ölmeßstab
4 Motornummer-Schild
5 Wasserablaßhahn

Bild 7 Ölfilter reinigen (OM 326)

1 Filtereinsatz
2 Deckel
3 Bodenplatte
4 Elastik-Stop-Mutter
5 Ölfiltergehäuse
6 Ölablaßschraube

2 Ölfilter reinigen

Ölfiltergehäuse nach Lösen der Befestigungsschraube am Boden des Gehäuses abnehmen. Beim OM 326 mit stehendem Filter ist vorher die Ölablaßschraube 6, Bild 7, herauszuschrauben und nach Abfließen des Öles wieder einzuschrauben. Filtereinsatz (an der Sechskantschraube) herausschrauben, und nach Lösen der Elastik-Stop-Mutter am Deckel auseinandernehmen. Filtereinsatz in Benzin ausspülen und anschließend mit einer weichen Bürste reinigen. Vor dem Zusammenbau nochmals in reinem Benzin ausspülen. Filtereinsatz zusammenbauen und in den Träger einschrauben, bis der zylindrische Teil des Deckels im entsprechenden Einpaß am Träger gut aufsitzt. Ölfiltergehäuse über Filtereinsatz stülpen, vorher Dichtring in der Rille des Trägers erneuern. Befestigungsschraube vorsichtig anziehen.

3 Ölstand im Luftpresser prüfen, evtl. nachfüllen (Sonderausführung mit Keilriemenantrieb)

Mit dem Meßstab 4, Bild 13, ist der Ölstand zu prüfen. Gegebenenfalls ist durch die Bohrung für den Meßstab Motorenöl nachzufüllen.

4 Ölstand in Einspritzpumpe und Regler prüfen

Mit Ölmeßstäben Ölstände prüfen, erforderlichenfalls in Einspritzpumpe durch die Bohrung für den Ölmeßstab, im Regler durch Klappöler bis zur oberen Marke an den Ölmeßstäben Motorenöl nachfüllen. Der RS-Regler des OM 312 und OM 321 hat keinen Ölmeßstab. Bei diesem Regler ist 1 ccm Motorenöl durch den Klappöler nachzufüllen.

Bild 8 **Schmierstellen an Einspritzpumpe und Regler**
1 Ölmeßstab Regler 3 Ölmeßstab Einspritzpumpe
2 Klappöler Regler

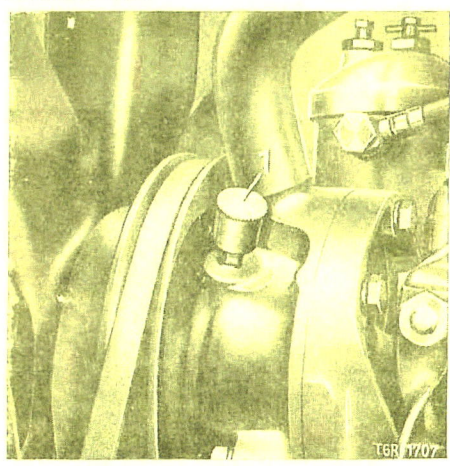

5 Kühlwasserpumpen schmieren

Staufferbüchse um ca. 2-3 Umdrehungen nachziehen. Keinesfalls zu viel schmieren, da sich beim Überschmieren die Wasserabflußbohrung verstopft und hierdurch die Pumpe beschädigt werden kann. Durch die Schmierung kann die Pumpe nicht abgedichtet werden. Falls merklicher Kühlwasserverlust entsteht, Pumpe instandsetzen, keinesfalls Abflußöffnung verstopfen!
Bei Anlagen mit Rückkühlung durch Wärmetauscher ist die Rohwasserpumpe (falls vorhanden) mit der Fettpresse zu schmieren.

Lüfterlager schmieren (nur bei OM 326). Die Kugellager des Lüfters sind am Schmiernippel mit der Fettpresse zu schmieren (Bild 12).

Bild 9 **Schmierstelle der Wasserpumpe (OM 312/321/322)**
1 Staufferbüchse

Bild 10 **Kühlwasserpumpe (OM 326)**
1 Ablaßhahn   2 Schmierstelle

6 Spannung der Keilriemen prüfen, evtl. nachspannen

Die Keilriemen sind richtig gespannt, wenn sie sich bei mäßigem Daumendruck etwa 2 cm aus der Geraden durchdrücken lassen. Diese Prüfung ist in der Mitte des längsten geraden Stückes des Keilriemens durchzuführen. Das Nachspannen der Keilriemen erfolgt bei:

OM 312/321/322

Beide Befestigungsschrauben unter der Lichtmaschine etwas lösen. Halteschraube der Lichtmaschine vorn oben, am Langlochblech lösen und Lichtmaschine um die beiden Befestigungsschrauben nach außen schwenken, bis der Keilriemen richtig gespannt ist. Beide Befestigungsschrauben und Halteschraube wieder anziehen.

OM 326

Die 3 Halteschrauben 1, 2, 3, Bild 12, etwas lösen. Gegenmutter 4 der Spannschraube lösen und Spannschraube 5 soweit erforderlich, nachziehen. Gegenmutter 4 und Halteschrauben 1, 2, 3 wieder festziehen.

Bild 11 **Keilriemen spannen** (OM 312 und 321)
1 Befestigungsschrauben
2 Halteschrauben

Bild 12 **Keilriemen spannen** (OM 326)
1, 2, 3 Halteschrauben
4 Gegenmutter
5 Spannschraube
6 Schmiernippel des Lüfters

Luftpresser am OM 326 (Sonderausführung)

Halteschraube 1, Bild 13, etwas lösen. Gegenmutter 2 der Spannschraube lösen und Spannschraube 3 soweit erforderlich nachstellen. Gegenmutter 2 und Halteschraube 1 wieder festziehen.
Bei einigen Sonderausführungen am OM 312/321 wird ein Luftpresser mit Keilriemenantrieb verwendet. Dieser Keilriemen wird durch Auswechseln von Scheiben der verstellbaren Riemenscheibe des Luftpressers nachgespannt.
Beim Auswechseln von Keilriemen sind die Spannvorrichtungen so weit zu lösen, daß ein zwangloses Aufbringen des neuen Keilriemens möglich ist. Beschädigungen des Keilriemens führen in kurzer Zeit zur Zerstörung des Riemens.

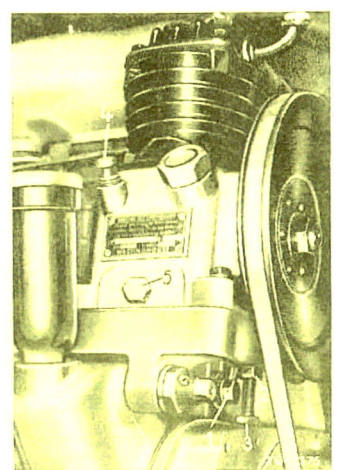

Bild 13
Keilriemen für Luftpresser spannen (OM 326, Sonderausführung)
1 Halteschraube 4 Ölmeßstab
2 Gegenmutter 5 Ölablaßschraube
3 Spannschraube

7 Ventilspiel prüfen, evtl. nachstellen

Das Ventilspiel ist regelmäßig nach den im Wartungsplan angegebenen Abständen und nach jedem Abnehmen des Zylinderkopfes oder Nachziehen der Zylinderkopfmuttern zu prüfen und evtl. nachzustellen. Das Spiel wird zwischen dem Druckpunkt der Kipphebel und der Ventilschäfte bei kaltem Motor (Kühlwassertemperatur höchstens 40° C) gemessen. Einzustellen ist jeweils für einen Zylinder (E- und A-Ventile) in Kompressions-Totpunktstellung, d. h. wenn die Ventile geschlossen sind. Größe des Spieles siehe Seite 41. Das Ventilspiel wird durch Drehen der Einstellschrauben nach Lösen ihrer Gegenmuttern mit einer Fühlerlehre eingestellt. Nach dem Einstellen sind die Gegenmuttern wieder fest anzuziehen; das Ventilspiel ist nochmals zu kontrollieren.

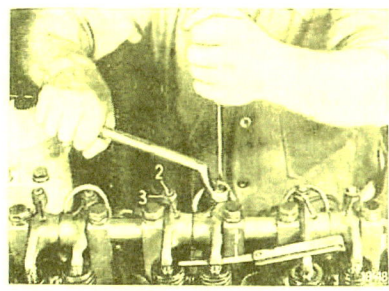

Bild 14 Ventilspiel einstellen
(OM 312/321/322)
1 Fühlerlehre zwischen Kipphebel und Ventilschaft
2 Einstellschraube   3 Gegenmutter

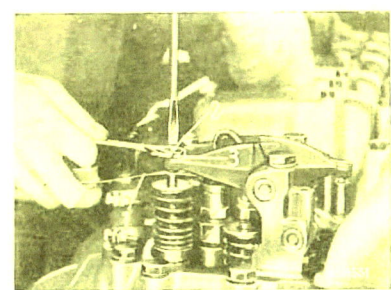

Bild 15 Ventilspiel einstellen
(OM 326)
1 Fühlerlehre
2 Einstellschraube
3 Gegenmutter

8 Luftfilter reinigen

Je nach Verwendungszweck des Motors werden verschiedene Filterarten angewendet.

Naßluftfilter

Auswaschen des Filters in Waschbenzin, Sodawasser oder P 3-Lösung; anschließend gut trocknen lassen oder mit Preßluft trocken blasen. Dann mit etwa 3-4 Eßlöffel Motorenöl gleichmäßig benetzen und überflüssiges Öl gut abtropfen lassen.

Ölbadluftfilter

Filter zerlegen, Filtergehäuse und Filtereinsatz in Waschbenzin, Sodawasser oder P 3-Lösung auswaschen und den Filtereinsatz zusätzlich noch mittels Pinsel gründlich reinigen, anschließend gut trocknen lassen (Ausblasen mit Preßluft). Motorenöl in das Filtergehäuse nur bis zur Marke „Normal" einfüllen. Beim Zusammensetzen des Filters die Dichtung im Deckel auf einwandfreien Zustand prüfen, gegebenenfalls erneuern.

Bild 16   **Ölbadluftfilter reinigen**
1 Höchst-Ölstand
2 Normal-Ölstand
3 Filtereinsatz

Bei staubigem Betrieb ist das Filter öfter zu prüfen. Ist das Filteröl merkbar verdickt, verschlammt oder verfärbt, dann ist das Filter zu reinigen.

Luftfilter mit Papiereinsatz

Einsatz durch Lösen der Spannverschlüsse aus dem Filtergehäuse herausnehmen und durch leichtes Abklopfen und Abschütteln auf einer Platte gründlich vorreinigen. Anschließend durch schräges Anblasen von außen mit Druckluft von höchstens 5 atü den Filtereinsatz reinigen. Dabei die Innenseite mit zwei Schutzscheiben abdecken, damit kein Staub auf die Reinseite gelangen kann. Filtergehäuse und Deckel sauber auswischen. Beim Zusammensetzen Dichtungen auf einwandfreien Zustand prüfen, gegebenenfalls erneuern.

Spezial-Filter nach Vorschrift der Lieferfirma reinigen.

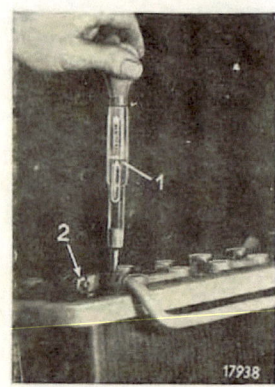

9 Batterien und Kabelanschlüsse prüfen

Der Flüssigkeitsstand soll etwa 10-15 mm über der Plattenoberkante stehen. Zum Nachfüllen nur destilliertes Wasser verwenden. Die Säuredichte gibt Aufschluß über den Ladezustand der Batterie, deshalb mit Säuremesser überwachen. Größere Unterschiede in der Säuredichte einzelner Zellen zeigen an, daß die Batterie von einem Fachmann überprüft werden muß.

Bild 17   **Säuredichte prüfen**
1 Säureheber
2 Klemmen mit Schutzfett einfetten

Normal*		In den Tropen		Ladezustand
Säuredichte	spez. Gewicht	Säuredichte	spez. Gewicht	
32° Bé	1,285	27° Bé	1,23	gut geladen
24° Bé	1,21	16° Bé	1,12	halb geladen
14° Bé	1,11	13° Bé	1,08	leer, sofort aufladen

* bei einer Säuretemperatur von 20° C

Auf saubere und oxydfreie Polköpfe und Anschlußklemmen achten! Evtl. mit Sodalösung reinigen und mit Säureschutzfett einfetten.

10 **Reguliergestänge ölen, am Anschlag auf größte Fördermenge prüfen, evtl. nachstellen**
Kugelköpfe und Lagerstellen der Hebel ölen. Das Gestänge darf nicht klemmen. Bei Vollast-Stellung des Regulierhebels muß der Füllungshebel an der Einspritzpumpe am Anschlag anliegen. Gegebenenfalls Gestänge mit Spannschloß oder an den Kugelköpfen nachstellen.

11 **Alle Muttern und Schrauben,** besonders die der Ölwanne, des Ölwärmetauschers, Ölfilters, Steuergehäusedeckels, Stoßstangenkammerdeckels, der Lichtmaschine, Ansaugleitung und Motorbefestigung auf festen Sitz prüfen, evtl. nachziehen. Bei Ölwanne, Steuergehäusedeckel und Stoßstangenkammerdeckel genügt als Prüfung nach dem ersten Turnus die Sichtprüfung auf Öldichtheit.

12 **Kraftstoff-Vorreiniger reinigen**

Rändelmutter lösen, Spannbügel ausschwenken und den Filtertopf abnehmen; Drahtsieb und Topf in sauberem Waschbenzin oder Dieselkraftstoff mit Pinsel, **nicht mit Drahtbürste,** gut auswaschen. Verhärtete Dichtringe ersetzen, da sonst Luft in die Kraftstoffanlage eindringen kann. Ist kein Vorreiniger vorhanden, dann ist das Kraftstoff-Filter auf Durchfluß zu prüfen (siehe unten).

Bild 18 **Vorreiniger reinigen**
1 Filtersieb   2 Schauglas
3 Spannbügel mit Rändelmutter

13 Kohlebürsten der Lichtmaschine prüfen

Minusleitungen von den Batterien lösen. Verschlußband abnehmen, die Federn für Kohlebürsten mit Haken anheben und prüfen, ob sich die Kohlebürsten in ihren Führungen leicht bewegen lassen. Verschmutzte oder klemmende Kohlebürsten mit sauberem, benzinfeuchtem Tuch reinigen. Blanke Schleiffläche der Kohlebürsten nicht mit Schmirgelpapier, Messer oder Feile bearbeiten. Bürstenhalter gut ausblasen. Ist eine Kohlebürste schadhaft oder zu sehr abgenützt, muß sie ausgewechselt werden.

Bild 19 **Kohlebürsten der Lichtmaschine prüfen**
1 Kohlebürste
2 Führung für Kohlebürste reinigen
3 Kollektor

Der Kollektor soll eine gleichmäßige, glatte, riefenfreie, grauschwarze Oberfläche haben und muß frei von Fett und Öl sein. Isolationsstege des Kollektors dürfen nicht verschmiert sein. Verschmutzten Kollektor mit sauberem, benzinfeuchtem Tuch reinigen, riefigen und unrunden Kollektor in einer hierfür eingerichteten Werkstätte instandsetzen lassen. Keinesfalls Kollektor mit Schmirgelleinen oder Feile bearbeiten.

Bild 20 **Kraftstoff-Filter** (OM 312/321/322)
1 Überströmventil   3 Spannschraube
2 Entlüftungsschraube   4 Füllschraube

14 Krafstoff-Filter auf Durchfluß prüfen, evtl. reinigen

Entlüftungsschrauben am Kraftstoff-Filter lösen (2, Bild 20; 5 und 8 Bild 21), mit der Handpumpe einigemale pumpen oder Motor laufen lassen. Dabei muß der Kraftstoff in einem kräftigen Strahl an der Entlüftungsschraube austreten. Tritt der Kraftstoff nur ganz schwach aus, dann ist der Filtereinsatz verschmutzt und muß gereinigt bzw. erneuert werden. Beim Doppelfilter (OM 326) ist die Prüfung an jedem Filter durchzuführen. Papierfiltereinsätze (Micronic-Filter) dürfen nicht gereinigt werden. Sie sind bei Verschmutzung auszuwechseln.

Reinigen des Filzrohreinsatzes im Kraftstoff-Filter

Entlüftungsschraube öffnen, Ablaßschraube herausschrauben und Kraftstoff ganz auslaufen lassen. Befestigungsschraube des Filterdeckels (unter Entlüftungsschraube) am OM 312, 321 und 322 lösen und Filtereinsatz herausnehmen. Am OM 326 Befestigungsschraube (4, Bild 21) lösen und Filtergehäuse mit Einsatz nach unten abnehmen. Beim Reinigen sind die beiden Öffnungen des Filzrohreinsatzes zu verschließen, damit auf keinen Fall verschmutzte Reinigungsflüssigkeit in das Innere des Filzrohreinsatzes gelangen kann. Am besten eignet sich zum Reinigen das Reinigungsgerät von der Firma BOSCH (Bild 22), das wir unter der Nr. 000 589 13 27 liefern. Der Filzrohreinsatz ist außen mit einer weichen Bürste (keine Metallbürste) in reinem Dieselkraftstoff oder Petroleum abzubürsten und wiederholt in sauberer Reinigungsflüssigkeit nachzuspülen. Dabei ist darauf zu achten, daß keine Reinigungsflüssigkeit durch das Röhrchen des Reinigungsgerätes in das Innere des Filters gelangt (beim Eintauchen zuhalten).

Bild 21 **Kraftstoff-Doppelfilter (OM 326)**
1 Filzrohr-Einsatz
2 Micronic-Einsatz
3 Einfüllschraube
4 Befestigungsschraube
5 Entlüftungsschraube | Filter 1
6 Einfüllschraube
7 Befestigungsschraube
8 Entlüftungsschraube | Filter 2
9 Überströmventil

Bild 22 **Kraftstoffilter-Reinigungsgerät**

Nach dem Abbürsten und Abwaschen des Einsatzes, diesen an einer Öffnung bzw. am Röhrchen des Reinigungsgerätes durchblasen (am besten mit Preßluft). Dabei bilden sich am Einsatz außen Schaumblasen, die durch Eintauchen in Reinigungsflüssigkeit abzuspülen sind. Durchblasen und Abspülen etwa 4- bis 5-mal wiederholen.

Vor dem Einsetzen des Filters ist das Filtergehäuse mit Kraftstoff auszuspülen und zu reinigen. Beim Einsetzen des Filters achte man darauf, daß es an beiden Stirnseiten mit einem Filz- bzw. Gummiring versehen ist. Filter mit Kraftstoff füllen (an der Einfüllöffnung oder mit der Handpumpe), bis der Kraftstoff an der geöffneten Entlüftungsschraube blasenfrei austritt.

Überströmventil am Kraftstoff-Filter reinigen

Aus dem Überströmventil (am Kraftstoff-Filter, siehe Bild 20 und 21) kann die Spannschraube mit Ventil und Schraubenfeder herausgeschraubt werden. Sitz des Ventiles reinigen. Ventil auf dichten Sitz prüfen.

Kraftstoffbehälter-Sieb reinigen

Am Anschluß der Kraftstoffleitung am Boden des Kraftstoffbehälters ist oft ein Sieb zum Zurückhalten grober Verunreinigungen eingebaut. Gegebenenfalls ist dieses Sieb auszubauen und mit einer weichen Bürste in Kraftstoff zu reinigen.

15 Abgasturbolader (Sonderausführung) lt. Anweisung prüfen

Motoren mit Aufladung (OM 312 A und 321 A) ist eine Betriebsanleitung für den Abgasturbolader beigegeben. Nach dieser Anleitung ist der Öldurchfluß an der Schmierung des Laders und das Laderrad zu prüfen.

16 Kohlebürsten des Anlassers prüfen

Für das Prüfen und Reinigen der Kohlebürsten sowie des Kollektors gilt das gleiche, wie für die Wartungsarbeit 12 „Kohlebürsten der Lichtmaschine prüfen".

Bild 23 Anlasser-Schmierstelle
1 Öllochschraube

Bild 24 Kohlebürsten des Anlassers prüfen
1 Kohlebürste
2 Führung für Kohlebürste reinigen
3 Kollektor

Ritzellager des Anlassers nach Entfernen der Öllochschraube mit gutem Motorenöl auffüllen (ohne Druck), Öllochschraube wieder einschrauben.

Das Ritzel des Anlassers und der Schwungradzahnkranz sind bei Verschmutzung zu reinigen und mit Graphitfett leicht einzufetten. Das Lager auf der Kollektorseite des Anlassers bedarf keiner besonderen Schmierung und darf nicht mit einem fettlösenden Reinigungsmittel behandelt werden.

17 Kraftstoff-Filtereinsatz erneuern

Bei starker Verschmutzung ist der Filzrohreinsatz zu erneuern. Der Papierfiltereinsatz (Micronic-Filter) beim Doppelfilter am OM 326 muß immer erneuert werden. Reinigen des Filtergehäuses, Zerlegen und Zusammenbau des Filters siehe unter Wartungsarbeit 14.

18 **Kühlanlage überprüfen evtl. reinigen**

Erhöht sich die Temperatur des Kühlwassers über das gewohnte Maß, so ist die Kühlanlage zu reinigen. Vorher ist zu prüfen, ob nicht ungenügende Keilriemenspannung von Lüfter- bzw. Rohwasserpumpenantrieb oder ein defekter Thermostat die Ursache der Temperaturerhöhung ist.

1 kg Soda oder P 3 oder Imi auf 30 Liter Wasser in das Kühlsystem schütten. Mit diesem Zusatz Motor einen Tag in Betrieb lassen, das Kühlwasser mit dem Lösungsmittel ablassen und das Kühlsystem bei laufendem Motor unter gleichzeitigem Zulauf von frischem warmem Kühlwasser gründlich durchspülen. Veredeltes Kühlwasser einfüllen (siehe Seite 44).

Bei äußerer Verschmutzung des Luftrückkühlers diesen mit Preßluft oder Wasserstrahl entgegen dem Luftstrom reinigen. Bei Ölverschmutzung Kühler abbauen und mit 2%iger Soda-, P 3- oder Imi-Lösung reinigen und mit neutralem Wasser gründlich nachspülen.

Bei **Wasserrückkühlung** den Wärmetauscher ausbauen und mit einer 2%igen Soda-, P 3- oder Imi-Lösung gründlich reinigen, im Rohwasserdurchfluß auch mechanisch und anschließend mit neutralem Wasser abspülen.

Sollte nach Durchführung der vorerwähnten Reinigung und der voranstehenden Maßnahmen die Kühlwassertemperatur nicht auf das normale Maß zurückgehen und kalkhaltiges Wasser Verwendung gefunden haben, so wird ein Entsteinen der Kühlanlage notwendig, besonders dann, wenn das Wasser entgegen unserer Vorschrift ohne Korrosionsschutzmittel mehrmals erneuert bzw. ergänzt wurde.

Es ist jedoch geboten, das Entsteinen nur im Einvernehmen mit unserem Kundendienst oder unserer Vertretung von damit vertrauten Fachkräften durchführen zu lassen.

19 **Einspritzdüsen und Verdichtungsdruck prüfen***

Unregelmäßiger Lauf, qualmender Auspuff oder plötzlich nachlassende Leistung kann die Folge von Störungen an den Düsen sein. Die Ursache ist oft eine Verschmutzung der Kraftstoffanlage oder Verkokung der Düsen. Qualmt der Motor und ist nur eine Düse schadhaft, so kann diese wie folgt herausgefunden werden:

Druckleitungen an der Einspritzpumpe nacheinander lösen, d. h. also immer nur eine Leitung und dabei den Auspuff beobachten. Das Qualmen hört auf, wenn die Leitung zur schadhaften Düse abgeschaltet ist.

Verdichtungsdruck prüfen

Motor warmfahren, bis normale Betriebstemperatur erreicht ist.

Alle Glühkerzen ausbauen und statt dessen an jeden Zylinder nacheinander den Kompressionsdruckmesser montieren. Den Motor mit dem Anlasser bei unterbrochener Kraftstofförderung einige Male durchdrehen und Verdichtungsdruck kontrollieren. Mindestdruck siehe Seite 41.

---

* Diese Arbeiten sollen möglichst nur von unserem Kundendienst oder durch andere von uns anerkannte Fachkräfte ausgeführt werden.

Die Instandsetzung schadhafter Düsen ist nur in sehr begrenzten Fällen möglich und setzt einige Erfahrung voraus. Arbeiten an den Düsen sollten daher nur durch unseren Kundendienst oder den der Firma BOSCH vorgenommen werden. Außerdem ist zum Prüfen und Einstellen der Düsen der BOSCH-Handprüfstand EFEP 60 A, der bei uns unter Teil-Nr. 000 589 14 27 bezogen werden kann, notwendig. Schadhafte Düsen werden deshalb am zweckmäßigsten gegen neue oder von der Fabrik instandgesetzte Düsen ausgetauscht.

1. Düse mit Düsenhalter ausbauen

Am OM 312, 321 und 322 Zylinderkopfhauben abnehmen. Es liegen dann die Saugkanalöffnungen ungeschützt offen. Deshalb die Ansaugkanäle sofort mit kleinen Blechdeckeln abdecken, damit keine Fremdkörper in die Kanäle fallen können. Am OM 326 die Ventilhauben abnehmen.

Stopfbüchsen der Druckleitungen lösen. Kraftstoff- und Leckölleitung am Düsenhalter lösen und diesen herausschrauben.

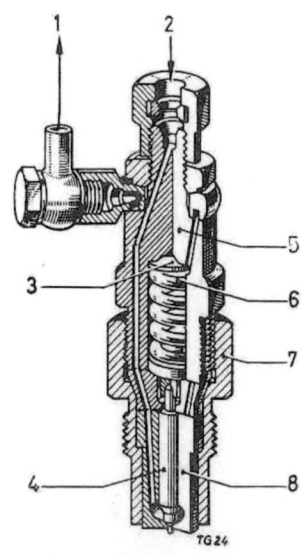

Bild 25 **Einspritzdüse**
1 Leckkraftstoff-Ablauf
2 Kraftstoff-Zulauf
3 Ausgleichscheibe
4 Düsennadel
5 Federgehäuse
6 Druckfeder
7 Düsenhalter
8 Düsenkörper

2. Düsen reinigen

Düse mit Düsenhalter ohne vorherige Zerlegung an den Handprüfstand anschließen. Strahl- und Schnarrprüfung nach 3. durchführen und Öffnungsdruck nach 4. feststellen. Ergibt die Strahl- und Schnarrprüfung kein einwandfreies Resultat, dann ist die Düse zunächst auf der Stirnfläche mit einem in Dieselkraftstoff getränkten Hartholz zu reinigen. Das Holz muß eine kleine Bohrung oder Rille haben, in der der hervorstehende Zapfen der Düsennadel beim Reinigen gleiten kann. In den Handprüfstand ist an Stelle des Dieselkraftstoffes reines Autol - D e s o l i t e zu füllen. Damit die Düse mehrmals abspritzen lassen.

Ist die Strahl- und Schnarrprüfung dann noch nicht zufriedenstellend, ist meist eine Instandsetzung der Düse mit einfachen Mitteln nicht mehr möglich. Man kann noch versuchen, die Düse durch gründliche Reinigung wieder brauchbar zu machen: Düse aus dem Düsenhalter ausbauen und zerlegen. Planfläche der Düse nochmals reinigen, ebenso die Sitzfläche der Düsennadel in der Düse. Dies geschieht mit einem in Dieselkraftstoff getauchten Hartholzstäbchen, das an der Spitze etwa die Form der Düsennadel hat. Nachdem auch die Düsennadel an Sitzfläche und Zapfen sorgfältig gereinigt wurde, Düse in reinem Kraftstoff auswaschen und prüfen.

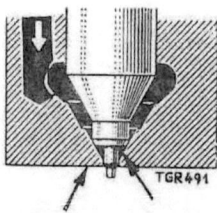

Bild 26
Düsenkörper mit Düsennadel

Düsennadel und Düsenkörper sind zusammengeläppt und dürfen nicht verwechselt werden!

3. Strahl- und Schnarrprüfung

Das Manometer am Prüfgerät ist hierbei abzuschalten. Die Prüfung erfolgt durch schnelle und langsame Betätigung des Pumpenhebels:

Schnelle Hebelbetätigung
Hebel so schnell wie möglich hinunterstoßen (mindestens 2 Hübe pro Sekunde). Die Düse muß dabei nach einigen Hüben mit einem hohen Ton schnarren. Eine Beurteilung der Strahlform ist nur bei dieser schnellen Hebelbewegung möglich.

Richtige Strahlform (Bild 27a)
Schlanker, einheitlicher Zerstäubungskegel.

Falsche Strahlform (Bild 27b und c)
Breiter, aus einzelnen Strahlenbüscheln (Fahnen) bestehender Zerstäubungskegel infolge verkokter, beschädigter oder abgenützter Düse.

Oder: Schmaler, schnurförmiger, nicht zerstäubter Strahl infolge ungenügenden Druckes (Federspannung zu gering, Öffnungsdruck prüfen, siehe unten).

Langsame Hebelbetätigung (etwa 1 Hub in 1 bis 1,5 Sekunde). Die Düse muß dabei mit einem weichen, tiefen Ton schnarren. Die Strahlform ist bei dieser Prüfung ohne Bedeutung. Wichtig für diese Prüfung ist, daß das Schnarren überhaupt auftritt.

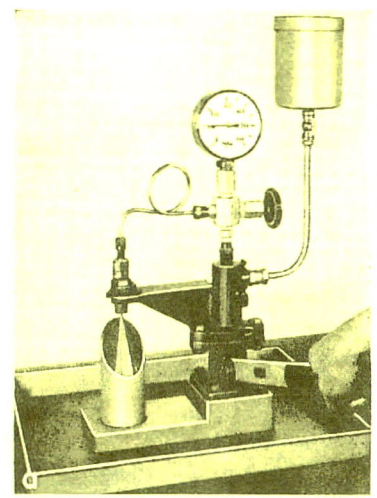

Bild 27 **Düsenprüfung**

Zwischen schneller und langsamer Hebelbetätigung liegt ein Bereich, in dem der Strahl ziemlich strähnig und ohne Schnarren austritt; er ist für die Prüfung ohne Bedeutung.

Vorsicht bei spritzenden Düsen!

Der Strahl einer spritzenden Düse dringt in die Haut ein und zerstört das Gewebe. Der in das Blut eindringende Kraftstoff kann Blutvergiftung hervorrufen!

4. Öffnungsdruck einstellen

Mit Pumpenhebel langsam drücken. Beim vorgeschriebenen Öffnungsdruck (siehe Seite 41) muß die Düse abspritzen. Der Öffnungsdruck muß bei allen Düsen eines Motors gleich hoch sein. Korrigiert wird der Öffnungsdruck durch Stahlscheiben, die über der Druckfeder im Düsenhalter eingelegt werden. Diese Scheiben sind in verschiedenen Stärken lieferbar.

Dichtheitsprüfung

Pumpenhebel betätigen, bis der Zeiger des Manometers bei Verwendung von Prüföl 10 kg/cm² und bei Verwendung von Dieselkraftstoff 20 kg/cm² unterhalb

des Öffnungsdruckes steht. Die Düse ist dann dicht, wenn sich am Düsenmund kein Tropfen bildet.
Zum Prüfen der Düsen darf nur sauberes Prüföl (Bosch 01 32 v 1) oder filtrierter Dieselkraftstoff verwendet werden. Beim Zusammenbau ist auf das vorgeschriebene Drehmoment — Düse in Düsenhalter und Düsenhalter im Zylinderkopf — zu achten (siehe Seite 41). Vor dem Einschrauben des Düsenhalters in den Zylinderkopf ist für jede Düse ein neuer Kupferdichtring so auszusuchen, daß zwischen Kupferdichtring und dem Düsenhalter ein Spalt von 0,1 mm vorhanden ist. Dieser Spalt wird beim Anzug des Düsenhalters aufgehoben, da sich der Düsenkörper in den Kupferdichtring eindrückt. Kraftstoff- und Lecköllleitungen wieder dicht anschließen. Anschlüsse bei laufendem Motor (Leerlauf) sorgfältig auf Dichtheit kontrollieren.

20 Vorkammer (Brenner) erneuern (entfällt bei OM 312)*

Schadhafte oder verschmutzte Einspritzdüsen können Abbrand und Risse an der Vorkammer herbeiführen. Es besteht dann die Gefahr, daß Teile des Brenners in den Zylinder fallen und Zerstörungen verursachen. Ohne Hilfsmittel sind etwaige Schäden nur schwer feststellbar. Wir empfehlen deshalb, die Vorkammern nach dieser Betriebsdauer zu erneuern.

Bild 28
Druckschraube ausbauen (OM 326)
1 Vorrichtung zum Herausschrauben der Druckschraube

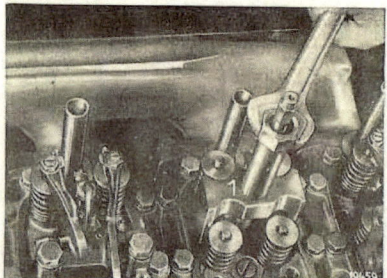

Bild 29
Vorkammer ausbauen (OM 326)
1 Vorrichtung zum Ausziehen der Vorkammer

Nach dem Ausbau der Glühkerze und des Düsenhalters ist die Druckschraube für die Vorkammer mit Sonderschlüssel Nr. 315 589 01 07 herauszuschrauben und die Vorkammer mit Abziehwerkzeug Nr. 315 589 05 33 herauszuziehen. Am OM 326 muß dazu das Kipphebelwerk abgeschraubt werden, außerdem ist die Abstützbrücke Nr. 326 589 00 33 zum Ausziehen notwendig.
Vorkammersitz im Zylinderkopf reinigen. Vor dem Einsetzen der Vorkammer immer eine neue Dichtung über die Vorkammer streifen. Druckmutter mit dem vorgeschriebenen Drehmoment (siehe Seite 41) anziehen. Glühkerze vor dem Einschrauben reinigen.

21 Alle Rohrleitungen und Schläuche auf Dichtheit und Scheuerstellen überprüfen.

22 Zylinderkopfschrauben bzw. -muttern auf festen Sitz prüfen

Das Nachziehen der Kopfschrauben bzw. Muttern erfolgt bei warmem Motor in der auf Seite 36 angegebenen Folge mit dem max. zulässigen Drehmoment (siehe Seite 41).

* Diese Arbeit soll möglichst nur von unserem Kundendienst oder durch andere von uns anerkannte Fachkräfte ausgeführt werden.

Pflege bei Stillegung des Motors

(Diese Maßnahmen sind bei einer Stillegung, die voraussichtlich länger als 6 Wochen dauert, durchzuführen.)
Das in der Ölwanne befindliche verbrauchte Öl in noch warmem Zustand ablassen. Erstbetriebsöl (siehe Seite 45) bis zur unteren Marke des Ölmeßstabes auffüllen.
Am Nockenraum der Einspritzpumpe Öl ablassen und gleichfalls Erstbetriebsöl auffüllen. Ebenso ist bei der Sonderausführung mit durch Keilriemen angetriebenem Luftpresser das Öl abzulassen und Erstbetriebsöl aufzufüllen. (Bei der Sonderausführung mit Abgasturbolader erfolgt der Ölwechsel selbsttätig durch den anschließenden Konservierungslauf.)
Kraftstoff aus Kraftstoffbehälter und Kraftstoff-Filter ablassen. Etwa 10 Liter Kraftstoff mit 1/2 bis 1 Liter des obigen Erstbetriebsöles gut vermischen und in Kraftstoffbehälter und Kraftstoff-Filter einfüllen. Filter entlüften.
Motor mindestens 15 Minuten mit mittlerer Drehzahl laufen lassen, damit das frische Öl in den ganzen Ölkreislauf und die Kraftstoffmischung in die gesamte Einspritzanlage gelangt. Dann **Kühlwasser ablassen!**
Einspritzpumpendeckel abnehmen und Federraum mit Erstbetriebsöl einsprühen. Deckel wieder anschrauben und die ganze Pumpe mit Erstbetriebsöl einsprühen. Glühkerzen herausschrauben, in jeden Zylinder etwa 20 ccm Erstbetriebsöl einspritzen. Motor mit Anlasser einige Male durchdrehen. Glühkerzen wieder einschrauben. Alle sonstigen, nicht lackierten oder gebonderten Teile des Motors mit säurefreiem Korrosionsschutzfett einfetten. Lagernde Motoren vor Nässe und Schmutz schützen.
Alle 6 Monate ist die Zylinderschutzbehandlung und Außenkonservierung, wie in den voranstehenden beiden Absätzen beschrieben, zu wiederholen.
Nicht in Gebrauch stehende Batterien bedürfen einer regelmäßigen Wartung und sollen in voll geladenem Zustand frostfrei aufbewahrt werden. Alle 4 Wochen Ladezustand überprüfen (siehe Seite 22) und wenn nötig, nachladen lassen. Auch lagernde Batterien sind nicht unbegrenzt haltbar und werden nach längerer Zeit unbrauchbar.

Versandbereit machen

Unmittelbar vor dem Transport ist das Kühlwasser aus dem Motor und das Öl aus Ölwanne, Einspritzpumpe, Regler, Ölbadluftfilter, Ölfilter und bei den Sonderausführungen gegebenenfalls aus Luftpresser und Abgasturbolader abzulassen bzw. zu entfernen. Alle nicht lackierten oder gebonderten Teile mit säurefreiem Korrosionsschutzfett einfetten. Offene Leitungen sind durch Gummi- oder Holzpropfen sicher zu verschließen. Alle Öffnungen (z. B. Saugrohr, Abgasstutzen) sind durch Klebeband, Holzbretter oder sonst geeignete Mittel abzudecken. Auf dem Transport ist der Motor vor Nässe und Schmutz zu schützen.
Bei Schiffstransport nach Übersee ist der Motor vor Durchführung dieser Maßnahmen wie im vorausgehenden Abschnitt (Pflege bei Stillegung des Motors) zu konservieren.

Störungen und ihre Beseitigung

Störung	Ursache	Abhilfe
Beim Anlassen		
Glühüberwacher leuchtet nicht auf, wenn Glühanlaßschalter auf Stellung „1", oder Anlasser dreht sich nicht, wenn Glühanlaßschalter auf Stellung „2"	Schlüssel im Schaltkasten nicht eingesteckt	Schlüssel richtig einstecken
	Batterien nicht in Ordnung:	
	1. Ladezustand ungenügend	Batterien über fremde Stromquelle aufladen
	2. Schlechter Kontakt	Batteriepole und Kabelklemmen gründlich säubern, so daß sie metallisch blank sind. Mit Säureschutzfett einfetten.
	Glühkerzen nicht in Ordnung	Feststellung der schadhaften Kerze (siehe Seite 40) Schadhafte Glühkerze auswechseln.
	Vorschaltwiderstand oder Glühüberwacher defekt	auswechseln
	Glühanlaßschalter beschädigt (Teile locker, so daß Schalter nicht einschaltet, ausgebrannt)	Anlaßschalter auswechseln
	Störungen am Anlasser:	Durch Kundendienst (Bosch) beheben lassen
	Anlasserklemmen oder Bürsten haben Masseschluß	Masseschluß beseitigen
	Kohlebürsten des Anlassers liegen nicht auf dem Kollektor auf, klemmen sich in ihren Führungen, sind abgenützt, gebrochen, verölt oder verschmutzt	Kohlebürsten nachsehen, reinigen oder auswechseln
	Magnetschalter des Anlassers beschädigt	instandsetzen lassen
	Spannungsabfall in den Leitungen zu groß, Leitungen beschädigt, Leitungsanschlüsse locker	Anlasserleitungen und deren Anschlüsse nachsehen
Anker dreht sich, Ritzel spurt aber nicht ein	Ritzel verschmutzt	verschmutztes Ritzel reinigen
	Ritzel oder Zahnkranz zerstoßen. Gratbildung	Grat abfeilen

Störung	Ursache	Abhilfe
Beim Einschalten dreht sich der Anlasseranker, bis das Ritzel kraftschlüssig ist, bleibt dann aber stehen	Batterien ungenügend geladen	Batterien aufladen
	Kohlebürstendruck ungenügend	Kohlebürsten nachsehen, reinigen oder auswechseln
	Magnetschalter des Anlassers nicht in Ordnung	instandsetzen lassen
	Spannungsabfall in den Leitungen zu groß	Leitungen und deren Anschlüsse nachsehen
Anlasser läuft weiter, nachdem der Schalter losgelassen wurde	Glühanlaßschalter schaltet nicht ab oder Magnetschalter sind schadhaft	sofort Anlaßleitung an Batterien oder Anlasser lösen, Schalter instandsetzen lassen oder austauschen bzw. Anlasser instandsetzen lassen.
Ritzel spurt nach Anspringen des Motors nicht aus	Ritzel oder Schwungradverzahnung stark verschmutzt oder beschädigt; Rückzugsfeder lahm oder gebrochen	sorgfältig reinigen, bzw. den Grat an der Schwungradverzahnung und am Ritzel abfeilen, Anlasser instandsetzen lassen.
Motor springt nicht an, obwohl Anlasser sich dreht und Glühüberwacher glüht	kein Kraftstoff im Behälter	Auffüllen! Nach dem Auffüllen eines völlig leeren Behälters erst Kraftstoffanlage entlüften (siehe Seite 37)
	Motor ist noch zu kalt	Maßnahmen für den Betrieb im Winter (siehe Seite 14) ergreifen.
	Kraftstoffanlage ungenügend entlüftet	Nochmals entlüften! (Siehe Seite 37). Dabei läßt sich auch feststellen, ob die Kraftstoffleitungen dicht sind und das Filter nicht zu stark verschmutzt ist (siehe Seite 24).
	In einem oder mehreren Zylindern keine Zündung, d. h. die betreffende Glühkerze hat Körperschluß und glüht nicht	erkennbar daran, daß Glühkerze naß oder verrußt ist, Glühkerze auswechseln (siehe Seite 40)

Im Betrieb

Motor setzt aus	kein Kraftstoff im Behälter	Auffüllen! Nach dem Auffüllen eines völlig leeren Behälters erst Kraftstoffanlage entlüften (siehe Seite 37)
	Kraftstoff-Filter verschmutzt	siehe Seite 24
	Kraftstoffleitung undicht	Anschlüsse festschrauben
	Kraftstoff-Förderpumpe fördert nicht	Auswechseln. Alte Pumpe nachsehen lassen (Kundendienst Bosch)

Störung	Ursache	Abhilfe
Fortsetzung Motor setzt aus	Einspritzdüsen verschmutzt oder beschädigt; kann vor allem bei ungeeignetem Kraftstoff vorkommen	Düsen auswechseln; alte nachsehen bzw. reinigen lassen (siehe Seite 27).
	Luftfilter stark verschmutzt	reinigen (siehe Seite 22).
Motor fängt plötzlich an sehr stark zu klopfen	Einspritzdüse infolge Verschmutzung hängengeblieben	Motor auskuppeln. Mehrmals kurz von Leerlauf auf Vollast schalten. Tritt das Klopfen oft auf, gesamte Kraftstoffanlage bei nächster Gelegenheit säubern.
Einige Zylinder setzen aus	eine oder mehrere Düsen arbeiten nicht	Düsen ausbauen und prüfen (siehe Seite 27).
	Einspritzpumpe nicht in Ordnung	auswechseln.
	Ventilfeder in Ein- oder Auslaßventil gebrochen	auswechseln.
	Ein- oder Auslaßventil bleibt hängen	versuchen durch Anspritzen des Schaftes mit Öl Ventil wieder gängig zu machen. Falls keine Besserung, Zylinderkopf abnehmen und Ventil ausbauen.
Motor hinterläßt dicke schwarze Rauchwolken	Düsen verkokt oder schadhaft, oder Düsennadel bleibt hängen	Düsen nachsehen, evtl. auswechseln oder überholen lassen (siehe Seite 27).
	Einspritzpumpe nicht in Ordnung. Ungenügende Verdichtung	Schaden nur vom Kundendienst beheben lassen.
	Luftfilter verschmutzt	reinigen.
Motor wird zu heiß. **Achtung! Motor sofort auf Leerlauf** zurücknehmen u. nach einigen Minuten abstellen	zu wenig Wasser in Kühlanlage	nachfüllen nur bei laufendem Motor und langsam.
	Leitungen undicht	Leitungsanschlüsse nachziehen, evt. Dichtung ersetzen.
	Kühlsystem verschmutzt	reinigen (siehe Seite 27).
	Wasserpumpe oder Thermostat defekt	vom Kundendienst instandsetzen lassen.
	Keilriemenspannung nicht in Ordnung	nachprüfen (siehe Seite 20)
Öldruck sinkt ab **Achtung! Bei raschem Absinken Motor sofort abstellen!**	zu wenig Öl in Kurbelwanne	nachfüllen.
	Öldruckregelventil (Seite 38) verschmutzt oder undicht	auseinandernehmen und reinigen.
	Antrieb der Motorenölpumpe oder diese selbst beschädigt	Pumpe ausbauen.
	Kraftstoff im Öl durch Undichtheit der Kraftstoffleitung unter der Zylinderhaube	Undichtheit suchen, evt. Verschraubung anziehen oder Leitung auswechseln.

Störung	Ursache	Abhilfe
Fortsetzung Öldruck sinkt plötzlich ab	Wenn vorstehende Ursachen ausscheiden, Öldruckmesser nicht in Ordnung oder Motorschaden	Anschlußleitung für Druckmesser am Motor lösen. Tritt dann bei laufendem Motor an der Anschlußstelle Öl aus, ist der Öldruckmesser selbst bzw. die Druckmesserleitung schadhaft und auszuwechseln. Andernfalls liegt Motorschaden vor, der nur vom Kundendienst behoben werden kann.
Öldruck steigt, Motor entlüftet dampfförmig und feucht	Wasser im Öl durch Undichtheit im Ölkühler, Zylinderkopf oder Kurbelgehäuse	Undichtheit feststellen und beseitigen. Motorenöl wechseln.
Motor läßt in der Leistung nach und entlüftet stoßweise **Achtung! Motor hierbei sofort abstellen!** Kolben hat gefressen	Ölmangel oder Kühlung schlecht	Kolben auswechseln, evtl. Zylinder anschleifen.
Kurbelwellen- oder Pleuelstangenlager gefressen	Ölmangel	Lager erneuern, Kurbelwelle nachprüfen.
Motor entlüftet außerdem dampfförmig und feucht	Wasser im Öl durch Undichtheit	siehe oben.
Störungen an Lichtmaschine und Reglerschalter Batterie wird nicht oder nicht genügend geladen		Durch Kundendienst (Bosch) beheben lassen
	Bürsten liegen nicht richtig am Kollektor an, klemmen sich in den Führungen, sind abgenützt, gebrochen, verölt oder verschmutzt	Bürsten nachsehen, reinigen oder auswechseln.
	Kollektor verschmutzt oder verölt	Kollektor reinigen.
	Kollektor abgenützt	Kollektor überdrehen und aussägen lassen.
	Leitungen gelöst oder schadhaft	Leitungen ausbessern oder ersetzen, Anschlüsse festziehen.
	Batterie schadhaft	Batterie in Fachwerkstatt nachsehen lassen.
	Unterbrechung, Masse- oder Windungsschluß in der Lichtmaschine	Maschine in Fachwerkstatt instandsetzen lassen.
	Reglerschalter schadhaft	Reglerschalter gegen neuen setzen.
Reglerschalter schadhaft (Schalterkontakte verschmort)	Sammler falsch angeschlossen	Sammler polrichtig anschließen, Reglerschalter austauschen.

Einige Instandsetzungsarbeiten

Nachstehend aufgeführte Arbeiten setzen z. T. Fachkenntnisse und einige Sonderwerkzeuge voraus. Sie sind daher möglichst nur von unserem Kundendienst oder durch andere von uns anerkannte Fachkräfte auszuführen.

Zylinderkopfdichtung auswechseln, Zylinderkopfschrauben anziehen

Falls eine Zylinderkopfdichtung Verbrennungsgase durchläßt, ist sie sofort durch eine neue Original-Dichtung zu ersetzen. Anzeichen für eine schadhafte Dichtung können sein: Aussetzen eines oder mehrerer Zylinder, bei warmem Motor steigen im Kühlwassereinfüllstutzen Gasblasen aus dem Kühlwasser auf, Wasserspuren am Ölmeßstab, Wasser im Verdichtungsraum, Ölspuren im Kühlwasser.

Einspritzpumpenseite

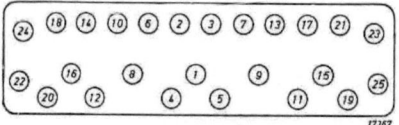

Bild 30 OM 312, 321 und 322 Reihenfolge des Anzuges der Zylinderkopfmuttern

Nach dem Abheben der Zylinderkopfhaube und der Dichtung Kipphebelböcke abschrauben. Die Zylinderkopfschrauben bzw. Muttern werden bei **kaltem Motor** in 2-3 Stufen und umgekehrter Reihenfolge wie beim Anziehen gelöst. Am OM 312, 321 und 322 sind auch die Stiftschrauben herauszudrehen. Auflageflächen der Zylinderkopfdichtung reinigen.

Bei der Montage des Zylinderkopfes Stiftschrauben am OM 312, 321 und 322 erst nach dem Aufsetzen des Zylinderkopfes mit Schraubenzieher einschrauben, Gewinde der Muttern und Schrauben mit graphitiertem Öl versehen. Zylinderkopf erst leicht, dann in 3-4 Stufen und schließlich mit dem max. zulässigen Drehmoment (siehe Seite 41) anziehen. Dazu einen Drehmomentschlüssel benutzen und die auf den nebenstehenden Bildern ersichtliche Reihenfolge einhalten. Ventilspiel (siehe Seite 41) einstellen. Motor mit geringer Last auf ca. 80° C Kühlwassertemperatur warmfahren.

Einspritzpumpenseite

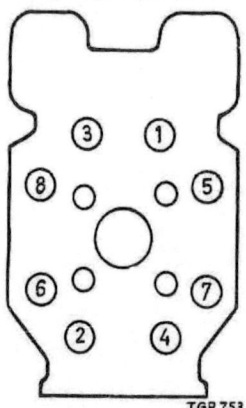

Nach ca. 5 Minuten Laufzeit mit dieser Kühlwassertemperatur werden die Zylinderkopfschrauben mit dem max. Drehmoment bei noch warmem Motor in der vorgeschriebenen Reihenfolge nachgezogen. Anschließend Ventilspiel kontrollieren. Nach einem Probelauf von etwa 1/2 Stunde Anzug der Schrauben nochmals mit dem max. Drehmoment überprüfen.

Bild 31 **OM 326 Reihenfolge des Anzuges der Zylinderkopfschrauben**

Beim Nachziehen dürfen die unter dem Kipphebelwerk liegenden Schrauben nicht ausgelassen werden. Die Kipphebelböcke sind abzuschrauben und unbedingt alle Schrauben nachzuziehen.

Beim Aufsetzen der Zylinderkopfhauben ist auf eine einwandfreie Dichtung zu achten. Es ist nicht ratsam, gebrauchte Zylinderkopfdichtungen wieder zu verwenden, wenn aus irgend einem Grund der Zylinderkopf abgenommen wurde.

Entlüften der Kraftstoffanlage

Voraussetzung für den einwandfreien Lauf des Dieselmotors ist, daß die gesamte Kraftstoffanlage stets frei von Luftblasen ist. Im Betrieb wird die Kraftstoffanlage durch eine Überströmleitung am Kraftstoff-Filter entlüftet. Jedoch kann Luft in die Kraftstoffanlage eintreten, wenn der Kraftstoffbehälter ganz entleert wurde. In diesem Falle, sowie nach jeder größeren Instandsetzung oder bei der ersten Inbetriebnahme muß daher die gesamte Kraftstoffanlage wie folgt entlüftet werden:

Entlüftungsschraube (2 Stück am OM 326) am Kraftstoff-Filter (Bild 20 und 21) um 1-2 Gänge herausdrehen. Handpumpe an der Kraftstoff-Förderpumpe durch Drehen nach links lösen und dann so lange pumpen, bis an der Entlüftungsschraube Kraftstoff blasenfrei austritt. Entlüftungsschraube schließen. An der Einspritzpumpe beide Entlüftungsschrauben (Bild 32) um einige Umdrehungen lösen und dann Handpumpe so lange betätigen, bis an den Entlüftungsschrauben ebenfalls Kraftstoff blasenfrei austritt. Entlüftungsschrauben festziehen, Handpumpe durch Drehen nach rechts festmachen.

Bild 32 **Entlüften der Einspritzpumpe**
1 Entlüftungsschrauben   2 Handpumpe
3 Lösen   des
4 Feststellen   Handgriffs

Druckleitungen und Düsen müssen nur entlüftet werden, wenn sie abgeschraubt und entleert wurden. An der Einspritzpumpe ist der seitliche Deckel abzunehmen (Bild 33). An jedem Pumpenelement unten, unter dem Federteller mit einem kurzen Schraubenzieher so lange pumpen, bis man die zugehörige Düse abspritzen hört. Der Verstellhebel (Gashebel) muß hierbei in Vollfüllung stehen. Man kann die Leitungen auch mit Hilfe des Anlassers vollpumpen. Dies dauert jedoch sehr lange und kann zur Erschöpfung der Batterien führen.

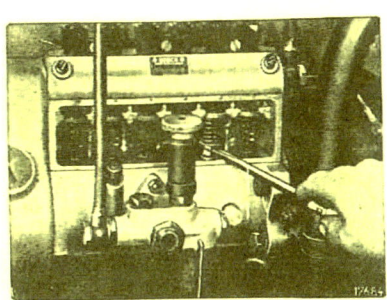

Bild 33 **Entlüften der Druckleitungen**
1 Schraubenzieher

Öldruckregelventil und Umgehungsventile reinigen

Plötzliches Absinken des Öldruckes kann durch eine Verschmutzung des Ölüberdruckventiles entstehen. Beim OM 312/321/322 sitzt dieses Ventil auf der Ölpumpe und ist daher nur nach Abschrauben der Ölwanne zugänglich. Beim OM 326 ist es am Träger des Ölfilters angeordnet.
Ein nicht mehr schließendes Umgehungsventil des Ölfilters erkennt man daran, daß bei warmem Motor das Gehäuse des Ölfilters nicht die gleiche Temperatur annimmt. Das Umgehungsventil des Ölfilters ist am Filterträger angebracht. Beim OM 312/321/322 Pos. 1, Bild 6.
Das Umgehungsventil des Ölwärmetauschers sitzt beim OM 312/321/322 neben dem Anlasser, links, am unteren Rand der Ölkühlerplatte, unter der Hutmutter. Am OM 326 ist es am Ölfilterträger angebracht. Schließt das Umgehungsventil des Ölkühlers nicht mehr, steigt die Öltemperatur beim Warmfahren des Motors langsam an, während sie bei warmem Motor und starker Belastung höher als gewöhnlich liegt.

Einspritzpumpe anbauen und Förderbeginn einstellen

Wurde die Einspritzpumpe zur Überprüfung oder zum Wechsel ausgebaut, dann ist beim Einbau auf die richtige Einstellung zu achten. Das Schwungrad ist auf den oberen Totpunkt am Ende des Verdichtungshubes von Zylinder 1 (am Kühler) zu drehen. In dieser Stellung sind die Ventile des Zylinders 1 geschlossen. Die Stoßstangen lassen sich in ihren Pfannen drehen. Dann ist das Schwungrad langsam zurückzudrehen, bis im Schauloch des Schwungradgehäuses die Marke für Förderbeginn erscheint und sich mit der Markierung am Schauloch deckt (Bild 34 und 35).

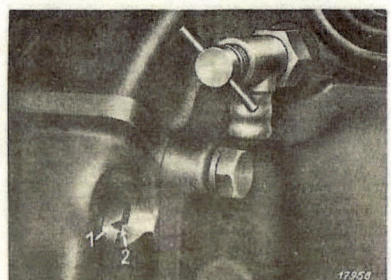

Bild 34 **Markierung für Förderbeginn am Schwungrad** (OM 312, 321 und 322)
1 Kerbe (gelb) = Förderbeginn
2 Zeigerstift im Kupplungsgehäuse

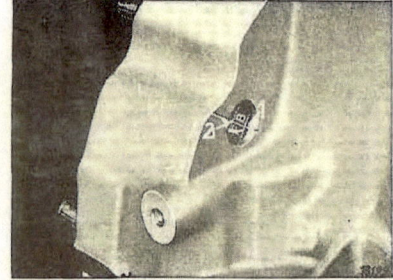

Bild 35 **Markierung für Förderbeginn am Schwungrad** (OM 326)
1 Zeigerstift im Gehäuse
2 Marke „FB" = Förderbeginn

Beim OM 312/321/322 ist der Öleinfüllstutzen abzunehmen. Im Öleinfülloch muß nun die rote Marke auf der Stirnseite des Zahnrades dem auf dem Deckel befestigten Zeiger gegenüberstehen (Bild 36). Beim OM 326 müssen die beiden Marken am Lagergehäuse und an der vorderen Kupplungshälfte des Einspritzpumpenantriebes miteinander übereinstimmen (Bild 37). An der Einspritzpumpe ist die Marke auf der hinteren Kupplungshälfte auf die Marke am Pumpengehäuse zu stellen.
Beim Anbau der Pumpe müssen sich nun die beiden Kupplungsstücke ineinanderschieben lassen. Pumpe mit den Flanschschrauben befestigen. Ist eine Marke am Langlochflansch und am Träger vorhanden (Bild 36), so ist die Pumpe danach auszurichten.
Zur Feineinstellung ist an der Einspritzpumpe der Rohranschluß der Druckleitung, die zu Zylinder 1 führt, abzuschrauben und Ventil und Feder herauszunehmen. Der Rohranschluß ist wieder aufzuschrauben (Bild 38). Regelstange in „Vollast" bringen. Einspritzpumpe mit der Handpumpe an der Kraftstoff-Förderpumpe entlüften. Entlüftungsschrauben schließen.

Bild 36 Markierungen für Einspritz-
pumpen-Einbau
(OM 312/321/322)
1 Zeiger
2 Markierter Zahn (rot)
3 Marke am Langlochflansch
4 Marke am Träger

Bild 37 Markierungen für Einspritz-
pumpen-Einbau (OM 326)
1 Marke am Lagergehäuse
2 Marke an Kupplungshälfte (vordere)
3 Marke an Kupplungshälfte (hintere)
4 Marke an Einspritzpumpe

Schwungrad etwa 1/6 Umdrehung zurückdrehen. Mit der Handpumpe so lange pumpen, bis Kraftstoff aus dem Rohranschluß fließt. Dann unter ständigem Pumpen Schwungrad vorsichtig vorwärts drehen, bis im Schauloch am Schwungrad die Marke „Förderbeginn" erscheint und sich mit der Marke am Schauloch deckt. In dieser Stellung muß der **Kraftstoffausfluß** am Rohranschluß beim Pumpen schlagartig **aufhören**. Zur besseren Beobachtung Kraftstoff am Rohranschluß immer wegblasen, so daß Ausfließen und Stillstand des Kraftstoffspiegels genau beobachtet werden kann. Beim Weiterdrehen des Schwungrades über die Marke „Förderbeginn" hinaus muß der Kraftstoffspiegel beim Drehen steigen, weil dann die Förderung einsetzt, d. h. der Kraftstoff fließt durch das Pumpenelement nicht mehr durch, wie vor „Förderbeginn", sondern es wird nur eine dem Pumpenhub entsprechende Menge gefördert.

Bild 38
**Pumpenventil Nr. 1
ausbauen**
1 Rohranschluß 3 Feder
2 Ventil 4 Druckleitung

Stimmen Förderbeginn der Einspritzpumpe und Markierung auf dem Schwungrad nicht überein, so ist am OM 312 / 321 / 322 die Einspritzpumpe in den Langlöchern der Befestigungsflansche entsprechend zu schwenken. Die Druckleitungen müssen dabei abgeschraubt und gegebenenfalls nachgebogen werden. Am OM 326 sind die Kupplungshälften des Antriebes nach Lösen der beiden Befestigungsschrauben sinngemäß gegeneinander zu verdrehen.

Nach der Einstellung Befestigungsschrauben der Kupplung und der Pumpe festziehen. Druckventil und Feder in Rohranschluß wieder einbauen und mit höchstens 5 mkg anziehen. Klemmbackensicherung anziehen. Überwurfmuttern der Druckleitungen mit dem vorgeschriebenen Drehmoment (siehe Seite 41) anziehen und dabei am Sechskant des Rohranschlusses gegenhalten. Kraftstoffanlage und Druckleitungen entlüften (siehe Seite 37).

Glühkerzen überprüfen

Wenn der Glühüberwacher nicht glüht, ist der Glühfaden einer Kerze gebrochen, oder sonst Strom unterbrochen. Man überbrücke die einzelnen Glühkerzen nacheinander an den Anschlüssen und drehe dabei den Glühanlaß-Schalter auf Stellung 1. Diejenige Glühkerze ist schadhaft, bei deren überbrücktem Anschluß der Glühüberwacher glüht.
Sind die Glühkerzen in Ordnung, dann Glühüberwacher überprüfen, ob der Glühfaden gebrochen ist oder die Kontakte des Glühanlaß-Schalters verschmort sind.
Bei Masseschluß einer Glühkerze glüht der Glühüberwacher schneller auf und kann weißglühend werden. Die der schadhaften Kerze in der Stromrichtung folgenden Kerzen glühen nicht mehr, sodaß sich Anlaßschwierigkeiten ergeben können. Die schadhafte Kerze wird gefunden, indem die Kerzen von der Masseseite her abgeklemmt werden und dabei jedesmal vorgeglüht wird. Nach Abklemmen der Kerze mit Masseschluß leuchtet der Glühüberwacher nicht mehr auf.

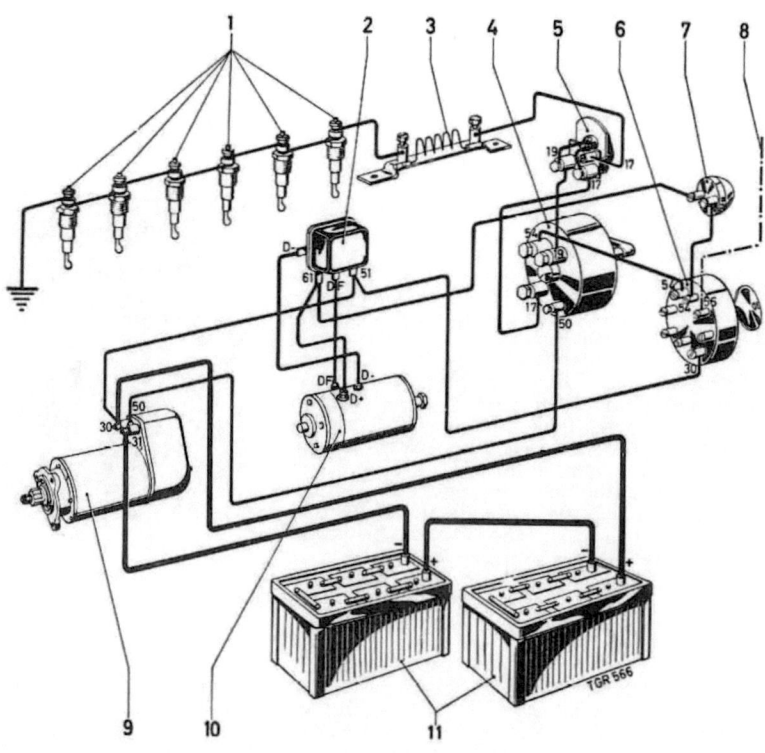

Bild 39 **Schaltplan der elektrischen Anlage** (Beispiel)

1 Glühkerzen
2 Reglerschalter zur Lichtmaschine
3 Glühkerzen-Vorwiderstand
4 Glühanlaßschalter
5 Glühüberwacher
6 Schaltkasten
7 Ladekontrollampe
8 Leitung für Fremdverbraucher
9 Anlasser
10 Lichtmaschine
11 Batterien

Technische Daten

Motordaten

Typ	OM	312	321	322	326
Arbeitsverfahren		Diesel-Viertakt, Daimler-Benz Vorkammer-Brennverfahren			
Zylinderzahl		6	6	6	6
Zylinderbohrung	mm	90	95	97	128
Kolbenhub	mm	120	120	128	140
Gesamt-Hubraum	Liter	4,58	5,10	5,67	10,81
Verdichtungsverhältnis		19,5:1	19,5:1	22:1	19,5:1
Verdichtungsdruck bei 150-200 U/min mindestens kg/cm²		20	20	20	24
Einspritzfolge		1-5-3-6-2-4			
Förderbeginn (Zylinder 1 einstellen) v. OT. (ohne autom. Spritzversteller Grad		22-24	22-24	22	24
mit autom. Spritzversteller Grad		—	—	20	20
Ventilspiel für Einlaß bei kaltem mm		0,2	0,2	0,2	0,25
Ventilspiel für Auslaß Motor mm		0,25	0,25	0,25	0,35
Abspritzdruck der Einspritzdüsen (neu) kg/cm²		130-140	130-140	130-140	135
Abspritzdruck der Einspritzdüsen (gelaufen) kg/cm²		105-110	110	110	110
Kühlwassertemperatur max. dauernd °C		90	90	90	90
Ölverbrauch bei Dauerleistung B g/PSh		2	2	2	2
Abzuführende Wärmemenge aus Kühlwasser und Öl bei Dauerleistung B kcal/PSh		665	650	700	600
Zulässiges Abtriebsdrehmoment an Kurbelwelle vorn bis mkg		12	12	12	16
Gewicht des Motors, trocken in Grundausführung n. VDMA kg		371	376	376	793

Motorabmessungen in Grundausführung

		312	321	322	326
Gesamt-Länge	rd. mm	945	945	945	1330
Gesamt-Breite	rd. mm	610	610	610	730
Gesamt-Höhe	rd. mm	925	925	925	1140
Gesamt-Höhe über Kurbelwellenmitte	rd. mm	665	595	595	775

Füllmengen

		312	321	322	326
Schmieröl im Motorkreislauf	ca Liter	11	11	13	14
in Ölwanne max.	ca Liter	9	9	9	12
min.	ca Liter	7	7	7	9
Schmieröl in Einspritzpumpe	Liter	0,40	0,40	0,40	0,40
Schmieröl in Regler	Liter	0,16	0,16	0,16	0,16
Kühlwasser in Motor ohne Kühler	ca Liter	11,7	11,7	11,7	25

Anzugsdrehmomente

		312	321	322	326
Zylinderkopfmuttern bzw. -schrauben	mkg	11	11	11	13
Hauptlagerdeckel	mkg	12	12	12	20
Pleuellagerdeckel	mkg	15	15	15	8
Schwingungsdämpfer	mkg	50	50	50	45
Schwungrad	mkg	10	10	10	16
Druckschraube der Vorkammer	mkg	32	32	32	45

	OM	312	321	322	326
Düse in Düsenhalter	mkg	8	8	8	9-10
Düsenhalter im Zylinderkopf	mkg	8,5	8,5	8,5	10
Glühkerze	mkg	5	5	5	5
Überwurfmuttern der Einspritzleitungen	mkg	2,5	2,5	2,5	2,5

Leistungen und Kraftstoffverbräuche

Motortyp		OM 312	OM 321	OM 322	OM 326
Drehzahlbereich	U/min	1500-3000	1500-3000	1200-2800	1200-2200
Leistungsbereich „A"	PS	47-70	55-85	45-95	97-140
Leistungsbereich „B"	PS	52-77	60-94	50-105	107-155
Sonderleistung	PS	—	100	110	170
Fahrzeugleistung	PS	57-100	110	116	180
Kraftstoffverbrauch	ca g/PSh	190-212	189-224	175-210	183-200

Betriebsstoffe

Kraftstoff

Die Dieselkraftstoffe sollen der deutschen Norm DIN 51 601 entsprechen, außerdem darf der Vanadingehalt nicht über 0,0001 Gew. % liegen. Handelsübliche Fahrzeug-Dieselkraftstoffe der bekannten Marken-Treibstoffirmen erfüllen diese Forderung.

Bedingt verwendbar sind auch Traktorenkraftstoffe, wenn sie die Mindestanforderungen nach DIN 51 602 erfüllen, Petroleum nach DIN 51 636, sowie reine Destillate des Schieferöles, wenn sie den Grenzwerten nach DIN 51 602 entsprechen. Von den beispielsweise in den Tropen vorhandenen pflanzlichen Ölen können in Ausnahmefällen z. B. Rizinusöl oder Sojabohnenöl als Kraftstoff Verwendung finden.

„Diesel-fuel", Heizöle usw. dürfen nicht verwendet werden, da bei diesen Qualitäten mit Korrosionserscheinungen gerechnet werden muß.

Kraftstoffmischungen bei starker Kälte siehe Abschn. Sondermaßnahmen für den Betrieb im Winter, Seite 14.

Die Lebensdauer und Zuverlässigkeit von Einspritzpumpen und Düsen hängt in hohem Maße von der Reinheit des verwendeten Kraftstoffes ab. Dieser enthält immer Mineralstaub und Unreinigkeiten, die nur sehr langsam zu Boden sinken. Durch die sachgemäße Lagerung und Umfüllung des Kraftstoffes kann aber ein großer Teil dieser Unreinigkeiten ausgeschieden werden und damit die Filter am Motor entlastet und in der Wirkung verbessert werden. Deshalb alle Saugrohr- und Abflußleitungen an Fässern und Behältern einige cm über dem Boden anordnen und am Boden Schlammablaßhahn anbringen. Regelmäßig Schlamm, besonders vor dem Nachfüllen, ablassen. Kraftstoff und Behälter (z. B. Fässer) vor dem Umfüllen nicht bewegen. Durch großdimensionierten Vorratsbehälter eine Klärung und das Absetzen der Unreinigkeiten ermöglichen.

Schmierstoffe

1. Für die Umlaufdruckschmierung unserer Motoren sind nur von uns geprüfte und für die Verwendung freigegebene
   HD- (Heavy-Duty-) Motorenöle
   geeignet und daher vorgeschrieben.
   Die ersten Qualitäten der bekannten Ölgesellschaften erfüllen unsere Forderungen. In Zweifelsfällen, oder wenn unsere Freigabe nicht nachgewiesen werden kann, wende man sich an unsere Vertretung oder fordere die Schmierstoffliste der geprüften und freigegebenen Öle an.

Die Viskosität des Schmieröles soll betragen:

bei Außenlufttemperaturen (für einen Zeitraum von wenigstens einigen Tagen)	SAE
über + 30° C	30
zwischen + 30° C und 0° C	20 W/20
zwischen + 10° C und —25° C	10 W
unter —25° C	5 W

Um einen häufigeren Wechsel der SAE-Klassen bei schwankenden Temperaturen in den Übergangszeiten auszuschalten, empfehlen wir ab 1. April SAE 20 W/20 und ab 1. Oktober SAE 10 W zu verwenden.

Das Mischen von HD-Ölen verschiedener Marken sollte unterbleiben, wenn sich nicht eine betriebliche Notwendigkeit ergibt.

Wegen der beim Einlaufvorgang herrschenden besonderen Verhältnisse wird für die erste Befüllung und die ersten 10 Betriebsstunden fabrikneuer oder generalüberholter Motoren ein dünnflüssiges Erstbetriebs-Motorenöl (siehe Tabelle Seite 45) verwendet.

Die HD-Öle nehmen schneller als die unlegierten Motorenöle eine dunkle Färbung an, weil sich die während des Betriebes entstehende Ölkohle nicht an den Wandungen des Motorgehäuses und an den Triebwerksteilen ansetzt, sondern im Öl gelöst bleibt. Wegen Dunklerfärbung braucht deshalb kein HD-Öl vorzeitig gewechselt zu werden.

2. Für Einspritzpumpe, Regler, (Luftfilter, Luftpresser), Anlasser und Lichtmaschine mit Klappöler: Wie für Motor gemäß 1.

3. Für Wasserpumpe (und Lüfter): Wälzlagerfett.

Kühlstoff

Geeignet ist reines Wasser mittlerer Härte (5-15°DGH). **Das Kühlwasser muß bereits beim ersten Inbetriebsetzen des Motors mit Korrosionsschutzöl veredelt werden.**

Zur Veredelung haben sich die nachfolgenden Korrosionsschutzöle bewährt:
    Anorust 50 der Veedol GmbH., Hamburg
    Energol SB 4 der Benzin-Petroleum A.G., Hamburg
    Korrosionsschutzöl (wasserlöslich) der Rheinpreußen GmbH., Homberg/Ndrh.
    Korrosionsschutzöl S 2 der Valvoline Öl-Gesellschaft, GmbH., Hamburg
    Kutwell 40 der Esso AG, Hamburg
    Phosphatol der Houghton Chemie, Hannover-Empelde
    Shell Donax C der Deutschen Shell AG., Hamburg
    Viscobil-Öl BS 12 der DEA-Schliemann, Hamburg

Beim **Neufüllen** des Motors ist 1 % **Korrosionsschutzöl** zuzusetzen (10 cm^3 auf 1 Liter Wasser). Leckverluste des Kühlwassers sind durch Wasser zu ersetzen, dem nur 0,5 % Korrosionsschutzöl zugesetzt ist.

Das Wasser ist möglichst lange im Motor zu belassen. Wir empfehlen, vorzeitig abgelassenes Kühlwasser wieder zu verwenden, nachdem es gefiltert und mit 0,5 % Korrosionsschutzöl versehen wurde. (Wartung und Reinigung der Kühlanlage siehe Seite 27).

Alle für das Kühlwasser verwendeten Schläuche müssen aus ölbeständigem Gummi bestehen. Bewährt haben sich:
die Verbindungsschläuche Metzeler ÖLP 50/II und Continental TX 215.

Bei Einfriergefahr ist Zusatz eines bewährten Marken-Frostschutzmittels gemäß Vorschrift des Lieferers notwendig. Wenn das Frostschutzmittel nicht mehr erforderlich ist, ablassen und evtl. im nächsten Jahr wieder verwenden. Kühlanlage gründlich durchspülen und veredeltes Wasser laut Vorschrift auffüllen.

Zur Wasserrückkühlung des Motorkühlwassers durch Wärmetauscher (z. B. bei Bootsbetrieb) kann gesiebtes Grundwasser, Flußwasser oder Seewasser verwendet werden.

Schutzstoffe

Zum Einlauf und zur Innenkonservierung des Motors (ohne Kühlwasserräume), bei Lagerung oder längerer Stillegung ist eine der nachstehend aufgeführten Erstbetriebsöl-Marken (Korrosionsschutzöl) zu verwenden.

Autol K
Aviaticon Motorenschutzöl
Boie Terra EB
BV-Motorenschutzöl
Caltex-Preservative Oil
Castrol CR/1
Castrol Running-in Oil DB
Dea-Erstbetriebsöl 431 M, 432 M
Deltikor
Energol Motorenschutzöl
Essolub MZ
Gasolin KM
Hyperol EK

Kompressol Erstbetriebsöl
Korrosionsschutz-Motorenöl von Optimol
Mobilkote
Penaxoline-Erstbetriebsöl
Renolin MR
Rheinpreußen Konservierungsöl
Shell Ensis Motoröl
Stinnes-Fanal Einfahr- und Korrosionsschutzöl
Texaco Preservative Oil
Valvoline Tecto-Einfahr- und Korrosionsschutzöl
Veedol Norustol
Viscobil-Erstbetriebsöl 431 M, 432 M

Zur Innenkonservierung der Einspritzanlage ist Erstbetriebsöl, gemischt mit 90-95 % Kraftstoff, zu verwenden.

Zur Außenkonservierung nicht lackierter Motorteile ist ein säurefreies Korrosionsschutzfett einer bekannten Markenöl-Firma zu verwenden.

Stichwortverzeichnis

	Seite
Abhilfe bei Störungen	32
Ablaßhahn für Kühlwasser	18
Abspritzdruck der Düsen	41
Abspritzprüfung der Düsen	29
Abstellen des Motors	13
Anbau der E-Pumpe	38
Anlassen des Motors	12
Anlasser	26
Anzugsmoment v. Schrauben	41
Aufladegebläse	26
Batterie	22
Bedienung	12
Betriebsstörungen	32
Einfüllmengen (Wasser, Öl)	41
Einlauf des Motors	13
Einspritzdüse	27
Einspritzpumpe	38
Einstellen des Ventilspiels	21
Einstellhinweise	29, 38
Elektrische Ausrüstung	40
Entlüftung Kraftstoffanlage	37
Förderbeginn	38, 41
Förderpumpe für Kraftstoff	23
Frostschutzmittel	44
Gewichte	41
Glühkerzen	40
Glühkerzenschäden	40
Handpumpe	37
HD-Öle	43
Kälte, Maßnahmen im Winter	14
Kraftstoffe	43
Kraftstoffeinrichtung entlüften	37
Kraftstofffilter	24
Kraftstoffverbrauch	42
Kühlanlage reinigen	27
Kühlstoff	44
Kühlwassertemperatur	41
Leistungen	42
Lichtmaschine	24
Luftfilter	22
Luftpresser	20

	Seite
Motor im Betrieb	13
Motornummer	5
Nachspannen der Keilriemen	20
Öldruck	13
Ölfilter	18
Ölsorten	43
Ölstände in E-Pumpe und Regler	19
Ölwechsel in Ölwanne	18
Pflege bei Stillegung	31
Reinigung der Einspritzdüse	28
Reinigung des Kraftstoff-Filters	24
Reinigung des Luftfilters	22
Reinigung des Ölfilters	18
Schaltplan	40
Schmierplan	16
Schmierstoffe	43
Schmierölverbrauch	41
Schutzstoffe	45
Stillegung des Motors	31
Technische Daten	41
Temperatur des Kühlwassers	13, 41
Überprüfung der Einspritzung	38
Ursachen von Störungen	32
Veredelung des Kühlwassers	44
Ventilspiel	41
Verdichtungsverhältnis	41
Versandbereit machen	31
Vorreiniger für Kraftstoff	23
Wartung	16
Wasserpumpe	19
Winterbetrieb	14
Zylinderkopfschrauben	36, 41

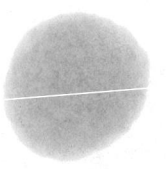